深読みNow 7

「新しい資本主義」の真実

日米における
新自由主義経済政策の
歴史と転換

萩原伸次郎
Hagiwara Shinjiro

かもがわ出版

「新しい資本主義」の真実

日米における新自由主義経済政策の歴史と転換

もくじ

はじめに

装丁　加門 啓子

はじめに
――本書の概要

２０２１年10月、菅政権に代わって政権を樹立した岸田文雄氏は、「新しい資本主義」という言葉で、みずからの政権の経済政策を国民に明らかにしました。この「新しい資本主義」は、２０２２年６月に「新しい資本主義のグランドデザイン及び実行計画」として閣議決定されました。これによりますと、岸田政権は、今日日本の経済で問題となっている経済格差や気候変動危機に配慮しているとはいえ、「新自由主義は成長の原動力の役割を果たした」とし、１９８０年代以降、欧米の経済政策において支配的となった、市場メカニズムをエンジンとする経済成長について肯定的評価を下し、「新しい資本主義においても、徹底して成長を追求していく」と述べています。

＊成長がストップした日本経済

日本経済は、21世紀になってから経済成長がストップしたことは、周知の事実で、発達した資本主義国で、実質GDPのゼロ成長が、長期にわたって続いている国は、日本をおいてほかにはありません。事の始まりは、2001年初め、鳴り物入りで政権についた小泉純一郎氏が公表した、いわゆる小泉構造「改革」にありました。この改革は、郵政民営化でその頂点をむかえたのでしたが、彼の言った「改革なくして成長なし」という言葉は、全く実際に起こった事実とは異なりました。「改革あって成長なし」が小泉構造「改革」の結果だったことは、統計的に明らかです。

2008年9月にアメリカを震源とする世界経済危機が勃発し、アメリカのみならず、日本経済も深刻な経済危機に見舞われました。小泉政権下、派遣労働が製造業にも認められていた日本では、派遣労働者の首切りが、製造大企業において大量に行われました。日比谷公園に「年越し派遣村」などという臨時の失業者救済施設が設置されたことは、記憶に新しいところです。

アメリカでは、2008年11月に大統領選挙があり、共和党ブッシュ政権に代わり、民主党オバマ政権が成立し、金融危機対策が真剣に取り組まれました。日本でも2009年7月の総選挙で、自由民主党に代わって、民主党が政権を樹立し、従来の自由民主党と異なる「国民の生活が第一」の政策が実施されるかに見えました。しかしながら、民主党政権の最初の総理大臣となった、鳩山由紀夫氏は、沖縄普天間基地移転問題で、公約通りの政策を実行できず、2010年には、菅直人氏に首相の座を明け渡すことになるのですが、この菅氏は、2010年7月、財界の作成した成長戦略を、少々お色直しした程度の変更で、政権の成長戦略として閣議決定し、その年の10月には、TPPへの参加を検討するという事態に展開します。

その菅政権を引き継いだ、野田佳彦氏は、２０１１年11月、多くの国民の反対にもかかわらず、ＴＰＰ参加を決定し、さらに翌年の２０１２年になると消費税を５％から８％、さらには10％に引き上げる「消費税増税法案」を、民主党・自民党・公明党の三党合意で決定、８月には国会で決めてしまうという事態になりました。

こうして、安倍晋三総裁率いる自由民主党が、「ＴＰＰ参加絶対反対」を旗印に２０１２年12月の総選挙で、民主党から政権を奪還し、翌年になると、舌の根も乾かぬうちに政策を変更、ＴＰＰ参加路線を強行し、３本の矢からなるアベノミクスを実行することになります。消費税は、安倍政権の下で、２０１４年、５％から８％に引き上げられ、さらに10％へと上昇が続きます。労働者の賃金は、一向に上がらず、上がるのは、大企業の内部留保と株価のみであり、実質ＧＤＰが停滞するという事態が、何年も続くことになったのでした。

岸田首相の言う「新しい資本主義」は、こうした日本経済の危機的状況を背景として出された言葉ですが、言葉を変えて何とか切り抜けようとする姑息な政策「転換」とも受け取れます。その意味では、「自民党をぶっ壊す」「改革なくして成長なし」と言いながら、「国民生活をぶっ壊し」、「改革あって成長なし」の状況をもたらした、小泉政権の二の舞になる可能性があるといってもいいでしょう。その証拠をあげろといわれるならば、私は、アベノミクスを一向にやめようとはしない岸田氏の政権スタンスを指摘いたしましょう。アベノミクスとは、２０１２年12月の総選挙で大勝し、政権を民主党から奪還した、安倍首相が２０１３年から開始した経済政策のことです。その政策によって大企業の内部留保と株価の上昇は力強く続いたものの、小泉政権以来の課題であった実質GDPの上昇は実現できず、逆に労働者の実質賃金の低下が引き起こされているのです。けれども、岸田首相は、そのアベノミクスをやめようとはしません。

＊アメリカのインフレ対策と日本の物価高

2020年、世界は新型コロナ感染症（COVID-19）の脅威にさらされました。COVID-19で、患者と死者が世界で最も多く発生した国は、アメリカでした。世界最大数の患者と死者数は、今日まで続いています。当時アメリカは、共和党トランプ政権で、トランプ大統領は、最初、この感染症をそう深刻にとらえず、「春の風と共に去っていく」などと根拠のない楽観論をふりまいていましたが、事態の深刻さに、2020年3月「緊急事態宣言」を発令、総額1兆ドルを超える、「緊急コロナ対策法」を通過させます。米連邦準備制度理事会は、それまで中止していたゼロ金利政策による金融債の大量買い入れを3月から再び開始、新型コロナ感染症による大恐慌以来といわれる経済急降下に積極的に対応し始めたのでした。

2022年1月からは、民主党バイデン政権が誕生、バイデン大統領は、トランプ政権からの財政拡張支援政策を継続し、前政権の実施規模を合わせれば、ほぼ3兆ドルにも及ぶ財政支援策を実施することになったのです。この数値は、半端なものではありません。1ドル100円で換算すれば、３００兆円、日本のＧＤＰ、５００兆円のほぼ60％にも及ぶ財政支援が、２年の短期間に、アメリカ経済につぎ込まれたのです。この政策によって急速な需要増がアメリカ経済にもたらされます。

しかもこの需要は、サービス部門ではなく、物財部門への急速な需要でした。といいますのは、人と人との対面によるサービス部門の需要は、COVID-19パンデミックによって、完全に抑え込まれましたから、消費需要は、サービスではなく物財へと向かったのです。この急速な物財市場での需要増加は、しかし、世界のサプライチェーンに混乱をもたらしました。それは、COVID-19パンデミックの拡大で、従来の物財生産が多くの国で正常に行われないこととなったのが原因ですが、国民の消費財の多くを輸入に依存しているアメリカでは、輸入物資の不足が急激に起こり、物価の急騰が２０２１年秋から深刻になりました。この物価急騰を重く見た、米連邦準備制度理事会の議長、パウエル氏は、それを金融政策的に抑えるべく、コロナ禍で採用してきたゼロ金利での金融資産買い取り政策を取りやめ、２０２２年３月には、金利政策に回帰し始めるのです。この政策転換によって、アメリカの物価急騰は、２０２２年６月をピークに徐々に落ち着きを取り戻すこととなります。

ところで、このアメリカの金融政策の転換が、日本の経済に深刻な物価急騰をもたらす要因となったことは、ここで指摘しなければなりません。日本では、はじめ、エネルギー価格の急騰が起こり、引き続き２０２２年夏から秋冬にかけて、消費財価格の上昇が、庶民の生活を直撃しています。円安から輸入財価格が上昇し、それが、物価急騰を引き起こしているからです。円安で1ドル＝100円が140円になれば、アメリカで1ドルで売られている製品は、日本円に換算すると自動的に100円から140円になるからです。円安は、米連邦準備制度理事会による金利の上昇によって、日米金利格差の拡大が引き起こされ、金利の高いアメリカ・ドルへの買いが、ゼロ金利の円売りを加速させ、極端な円安・ドル高を創り出しているのです。この日本のゼロ金利政策は、あのアベノミクスの3本の矢の1本、日本銀行総裁黒田東彦氏による「異次元の金融緩和政策」によるものであり、黒田総裁は、岸田政権になってからも、円安による日本の物価急騰に対して、アベノミクスの金融政策、「異次元の金融緩和政策」によるゼロ金利政策をやめようとはしないのです。

＊消費税率引き下げ「ノー」の岸田政権

そして、さらに、岸田政権は、安倍政権下において5％から8％、そして10％に上げられた消費税率、その引き下げを一向に行おうとはしません。日本の経済政策にとって、この消費税の導入は、時代を画する税制政策の重要な転換でした。第2次世界大戦後、日本の税制には、消費税の導入がアメリカによって阻止されてきた事情がありました。消費税はいうまでもなく所得の低い人も高い人も、金持ちにも貧しい人にも、一様にかかる間接税なのです。戦後アメリカの税制政策は、ローズヴェルト政権下で展開されたニューディール政策によって大きく影響されました。日本の支配層には、戦後、消費税導入の考えがあったのですが、その考えを否定して導入させなかったのは、戦後日本の税制に大きな役割を果たした、カール・S・シャウプ氏によるものでした。この点に関しては、税制に関するいわゆる「シャウプ勧告」があったことを忘れてはなりません。

とりわけ、1960年代からの、ケインズ政策を取り入れた累進課税制度に基づく有効需要政策は、大金持ちから税金を多くとり、所得の再分配によって、所得平等化を図り、国全体の消費レベルを上昇させる政策でした。税制を通じて経済格差を広げる消費税導入は、経済成長を妨げる政策として固く禁じられていたのです。格差社会になると、一部の人々にだけ富が集中し、富裕層の膨大な所得は多くが貯蓄され、消費拡大にはつながらず、経済成長のカギを握る有効需要拡大へのマイナス要因になるからでした。けれども、この考えを、大きく転換させたのが、ケインズ政策に代わって登場した、供給重視の経済学によるものだったのです。

この供給重視の経済学によりますと、富裕層に蓄積された貯蓄が、投資に回り、企業の投資によって、産出は増大するのだから累進課税制度による所得分配の平等化は、貯蓄をないがしろにし、産出の増大に結び付かないとするものでした。税制についてのこの考えは、ケインズ政策がインフレを引き起こし、産出の増加が理想通りに展開しなくなった、1970年代のアメリカにおいて主流派経済学として頭角を現し、ケインズ政策に代わる供給重視の経済政策として、1980年代から定着していくことになります。日本において、消費税が導入されたのもこの反ケインズ政策と密接な関係があることを注視しなければなりません。いうまでもなく、日本で消費税が3％として、戦後初めて導入されたのは、1989年自由民主党・竹下登政権のもとでした。

＊なぜ日米の経済政策の検討が重要なのか

日本の経済政策では、第2次世界大戦後、アメリカとの関係が大きな役割を果たします。1945年8月15日、日本の無条件降伏によって、太平洋戦争は終結しますが、日本を占領した連合国で最も大きな役割を果たしたのが、アメリカだったからにほかなりません。日本は、1952年4月28日、サンフランシスコ講和条約の発効によって、アメリカ占領軍の支配から、沖縄・小笠原を除き自由になりますが、同時に、日米安全保障条約の下、アメリカへ半ば従属した立場に置かれます。1960年には、この軍事条約が改定され、今日の日米安全保障条約となりますが、この条約には、経済条項と呼ばれるものが新たに付け加えられ、日米の経済政策上の協調が謳われています。1960年12月に発表された、池田内閣による「所得倍増計画」は、その年11月の大統領選挙で勝利し誕生した、民主党大統領、J・F・ケネディ政権によるケインズ政策と歩調を合わせたものだったことは明らかです。

本書は、岸田文雄政権が、その経済政策として実行しようとする「新しい資本主義」の真実に迫ろうとするものですが、それを明らかにするには、今日に至る日米経済関係の歴史から、アメリカと日本の政権政党による経済政策がどのように形成されてきたかを論じることが必要です。そして、本書を貫くキー・ワードは、新自由主義です。新自由主義とは何か？ それはどのようにして、日本の経済政策として実施されるに至ったのか？ その辺のところから、本書の叙述を始めることにしましょう。

I

新自由主義は、日本にどのようにもたらされたのか

1　戦後アメリカの経済政策はどう展開したのか

＊Ｊ・Ｍ・ケインズの考え方

戦後アメリカの経済政策が、ケインズ主義に基づいて、実施されてきたことは明らかですが、それはなぜだったのでしょうか？　その理由は、経済実態にケインズ主義を受け入れる基盤が存在していたからにほかなりません。ケインズ主義とは、いうまでもなく、イギリスの偉大な経済学者、Ｊ・Ｍ・ケインズによる経済学のことですが、一言でその特徴を述べれば、１９３０年代の大恐慌下において、どのようにすれば、人々に失業のない豊かな経済をつくりあげることができるかを考え、そして、考えるだけではなく、戦後の世界経済の仕組みづくりに積極的にかかわった経済学者だったのです。

ケインズが直面した経済は、失業者があふれ、企業は操業を停止し、金融機関は不良債権の累積から倒産が続出し、物価は下落し、株式市場の低迷が続く、長引く大不況の経済でした。こうした状況下でケインズは、有効需要の創出こそその大不況を乗り切る重要な政策だと考えました。なぜなら、需要がなければ、企業は生産をすることはありませんし、企業が生産しなければ、失業をいつまでも解消することはできないからです。

当時、有効需要として考えられたのは、消費と投資でした。けれども、大不況の下で自由に任せておけば、一般国民の消費が回復し、企業の投資が活発になるという状況には程遠い現状でした。したがって、ケインズは、経済を自由放任にするのではなく、政府が積極的に需要を創り出す、公共事業の重要性を主張します。そして、貿易を活発にすれば、輸出産業の生産が上昇し、失業の解消もできると考えました。そのためには、各国が協調して、貿易を活発にする国際システムを創ることが必要だと考えたのです（**コラム①**）。

政府が公共事業を展開するには、お金が必要ですが、それは言うまでもなく国民から徴収する税金が当てられなければなりません。当時、アメリカをはじめ多くの資本主義国では、一部の人たちに富が集中し、貧困者が累積していました。税収も少なく、政府の経済的機能は甚だ小さいものでした。ケインズは、だから個人所得税を累進課税制度にして、所得に応じて限界税率を高めるやりかたで、所得の多い人には多く、少ない人には少なくという応能負担制による税制を主張しました。所得税は、課税区分ごとに税率が異なり、所得が多い課税区分ほど税率を高めます。したがって、所得の多い人は、少ない人より、税率の高い課税区分においてより多くの税を納めますから、納税額は、累進的に多くなるという理屈です。こうすれば、所得の多い人が貯蓄する額を税収として確保でき、それを政府の責任で支出すれば、全体として需要が高まり、企業の生産を活発化させることができます。もし、その支出に税収が伴わなくても、税収以上に政府が支出する、つまり赤字財政も許されるというのが、ケインズの主張でした。結果的に彼の主張は、第2次世界大戦での軍事支出の増大によって、世界不況が克服されるということになりましたが、経済における公共性を強調したのが、ケインズ政策の特徴といえるでしょう。

コラム①

ケインズの理想郷

戦後の国際経済システムの形成に貢献した、イギリスの経済学者J・M・ケインズは、国際金本位制を嫌悪しました。なぜなら、金本位制下において、政府当局が国内の失業克服のために取りうる正統的な手段は、隣国を犠牲にして輸出超過と貨幣用金の輸入とに狂奔するよりほかに道がなかったからでした。

ケインズは、国際金本位制にかわる新たな体制の構築を提案し、そこでまず行うべきは各国の自立的な金融政策であり、それを金獲得のため使用させるべきではないとします。さらに、国内雇用の最適水準を目標とした国家投資計画が重要だといいます。すなわち、ケインズは、世界の国々が国際金本位制に縛られることなく、その自主性において、完全雇用を実現すべく、財政・金融政策を展開し、投資の活発化を行えば、世界貿易は拡大され、世界のGDP水準の上昇とともに世界的な失業増加は防げるとしたのです。

個人消費、企業投資、政府支出を合わせて内需と言いますが、そこにはふつう、輸入が含まれていますから、すべての国が相携えてこうした政策をとれば、各国の輸入が活発になり、それはいいかえればそれら相手国の輸出が活発になることになります。まさに「われわれ自身とわれわれの隣人とを同時に助けるという意味で二重に幸せなものである」と彼はこれら政策の積極的意義を論じました。

ケインズは、主著『雇用・利子および貨幣の一般理論』（1936年）の結論部分で、次のように言っています。「これらの思想の実現は夢のような希望であろうか」と。

＊ケインズ的国際経済システム

国際貿易を活発にするには、どのような国際的仕組みが必要なのでしょうか？ケインズは、固定相場制を主張し、バンコールという決済通貨を使って、国際清算同盟という組織において、各国の貿易の決済を行う仕組みを提案しましたが、アメリカの反対にあって、バンコールではない、米ドルを決済通貨として使用するという仕組みが出来上がりました。アメリカがあくまで自国通貨ドルでの決済を主張し譲らなかったことによるものですが、ケインズの主張である固定相場制は、実現しましたし、通貨の投機的取引は、厳しく規制されることになり、国際貿易は、ドルを基軸通貨として、１９３０年代の停滞する国際貿易に比較すると第２次世界大戦後、飛躍的な増大を見ることになりました。

こうした仕組みが出来上がるには、世界経済の覇権を握るアメリカの経済事情が深くかかわっていたことを無視するわけにはいきません。第1次世界大戦から第2次世界大戦にかけて、世界経済の覇権は、イギリスからアメリカへと大きく移行します。それに伴い、国際通貨は、ポンドからドルへと移行することになるのですが、その戦間期のアメリカ経済において、この戦後のケインズ体制を支える新興産業がのし上がってきた事実は重要です。19世紀のイギリスの覇権の時代、すなわち、パックス・ブリタニカの時代は、石炭・蒸気機関・鉄道・蒸気船の時代でした。しかし、19世紀末から20世紀にかけて、アメリカにおいて、パックス・アメリカーナを構築すべく勃興してきたのは、石油・内燃機関・電気・自動車・飛行機に基づく産業だったのです。しかもこれらアメリカで典型的に発達した20世紀型の産業は、いずれも輸出産業として大きな役割を果たすことになります。大量生産・大量販売方式の資本集約型産業であるこれら企業は、輸出に利害関係を有し、ドルを基軸とする決済システムの下で、世界経済における輸出比率を高めていきます。

*ケインズ政策を支えたアメリカ企業

ここで特筆すべきは、アメリカの新興産業企業は、巨大株式会社の形で運営されていたということです。企業規模が大きくなりますと多くの資金が必要です。それを株式を発行することで集め、企業を成り立たせます。株式を購入した人が株主となり、自らの出資分だけ株式会社の所有権を保持します。しかし、株主が経営に必ずしも長けているとは限りませんから、その経営を専門的経営者に任せます。そこで、企業における経営と所有の分離というものが起こるというわけです。しかも、会社経営が複雑になり、その専門性が会社の運命を決する事態になりますと、経営者が会社を支配し、株主の力や金融機関の力が弱体化してくることが起こるのです。アメリカの著名な経済学者、J・K・ガルブレイスは、かつて次のように言いました。「過去数十年間の間に、現代の大法人企業の内部において、支配力が企業の所有者から管理者へ移行していることとについての証拠は着実に積み重ねられてきた。……株主の支配力は弱まってきたようである」（J・K・ガルブレイス著、都留重人監訳『新しい産業国家』第2版、河出書房新社、1972年85ページ）。

ここで重要な点は、会社の所有者が同時に経営者である、所有・経営者（owner-manager）によって会社が経営されていた初期段階から、企業内部の計画化の進展によって、所有者と経営者が分離し、所有者が直接会社を経営することがまれになり、専門的経営集団に会社経営を任せる段階に至ったという事実なのです。当時のこうした企業は、資本集約的（労働者数に対して生産手段量が多いという意味）であり、生産量が増えれば増えるほど単位当たりの製品コストが下がり、大量生産・大量販売によって利益を増大させる方式が、企業経営の基軸となります。したがって、アメリカでは、戦間期から第2次世界大戦後にかけてこうした企業は、輸出志向が強く、ケインズの「国際貿易を発展させることによって経済成長を実現させる」という考えと利害がドンピシャ一致したといえるでしょう。また、1930年代のローズヴェルト政権の労働組合擁護政策によって組織的力をつけた労働者階級が、こうした輸出志向の産業企業の生産を支えたのでした。私はこうした企業システムを「ケインズ連合」というコンセプトで把握します。

現代企業は、三層の階級構造をもっています。第一が企業の所有者である株主、第二が専門的経営者、そして、第三が労働者です。ケインズは、経営者と労働者を生産階級とし、金利生活者としての株主の存在は、企業の生産にとって不必要なものであると考え、「金利生活者の安楽死」をひきおこす経済政策こそ、経済成長にとって重要であるとしました。株主の配当は、極力少なくし、完全雇用の実現の下で、漸進的に引き起こされるインフレによる政策で、金融権力の力を弱体化させるのです。第2次世界大戦後から1960年代までは、アメリカでも日本でも、こうしたケインズの考えに基づく経済政策が実施され、かなり長期にわたって、実体経済を軸とする高度成長が継続したことは歴史的事実として指摘しておくべきでしょう。

＊新自由主義の経済基盤とはなにか

しかしこのケインズ政策が危機・破綻に至り、新自由主義と呼ばれる政策が、それに代わり歴史上に登場するのはどのような事情によるのでしょうか。それにはまず、戦後ケインズ政策を支えた経済的基盤が大きく変化したことをあげなければなりません。つまり、輸出志向の大量生産・大量販売の資本集約的産業企業が、多国籍企業となっていったことがその大きな変化の要因でした。今日の大企業は、国際事業部門をいくつも抱える多角的事業部門制をとり、グローバルな活動を展開しています。ケインズ政策が有効性をもっていた時代のように、企業は、国内労働者を雇用し一国レベルで生産を完結させ、輸出で利益を上げる経営から、多くの事業部門を、国際的視野に立って管理し、グローバルに経営するやり方に大きく変化したのです。

こうした企業活動が、戦後のケインズ的経済システムにとり脅威となったのは言うまでもありません。なぜなら、こうした企業は、いずれも本部財務部門を肥大化させて、企業の売却・買収を、国境を越えて展開し、国際的に多角的事業を展開しますから、国民経済を軸とする経済政策の実施と矛盾する点が出てくるからにほかなりません。こうした多国籍企業は、自国の労働者を雇い生産を行い、輸出で利益を上げるという企業ではありません。国際的に多角的事業を行うには、国際的に資本を移動させることが必要ですから、貿易金融などとは異なる証券市場を舞台に活動する金融機関が必要です。アメリカには、早くから投資銀行という金融機関が、会社の設立や再編において株式市場を股にかけて活動してきました。この投資銀行が、商業銀行と結託し、国際的に会社の設立や再編を行えば、グローバルに収益を稼ぎ出すことができます。しかしこのケインズ政策の下では、金融機関は、業態が規制され、金利も規制され、国際的には固定相場制をとり、資本取引は規制下にありましたし、短期の投機取引は厳しく禁じられていたのです。ですから、多国籍企業・金融企業側からすれば、国民経済単位に形成された経済政策は、「一国社会主義」であれ、「ケインズ的中央統制」であれ、廃棄すべき不都合な制度であったといえましょう。

かれらは、国際資本取引の自由という自らの要求に従って、１９６０年代末以降着々と世界経済のつくりかえに、いいかえれば、グローバリゼーションの展開に取り組んだのでした。こうして、アメリカのニクソン政権の誕生は、アメリカ「ケインズ連合」の崩壊を導き出しました、次節で詳しく述べますレーガン・ブッシュ政権は、新自由主義的政策の実施によって「ソ連邦」解体へのきっかけを創り出したのです。その後、クリントン政権が、「日本異質論」を展開し、徹底した新自由主義的対日要求によってケインズ的「日本型集権システム」を崩壊に導く先導役を果たしたことは明らかでした（拙著『米国はいかにして世界経済を支配したか』（青灯社、２００８年、「はじめに」を参照）。

2 レーガン・ブッシュ政権と中曽根・竹下・宇野・海部政権
――アメリカは、なにを狙ったのか

＊ケインズ的国際経済システムの崩壊

アメリカにおけるケインズ政策の崩壊は、国際経済システムの改変から起こりました。１９７１年８月15日アメリカ・ニクソン政権が、突如、戦後長らく約束してきた、金１オンス＝35ドルという金ドル交換を停止したからです（**コラム②**）。この措置は、戦後の固定相場制というケインズ的国際経済システムを崩壊に導く、先駆けとなったのです。戦後の固定相場の為替《かわせ》制度の下では、国際資本取引は、規制されていましたし、とりわけ、短期の投機取引は厳しく禁止されていました。なぜなら、国際資本取引を自由にして、固定相場制を維持することを行えば、各国の通貨当局は、常に自国通貨の相場を維持するために為替介入を行わなければならず、それ

では金融政策の自立性が保てなくなるからです。そして、国際決済の通貨はドルであり、このドルは、アメリカが世界に供給することによって成り立つのですが、戦後のケインズ・システムでは、国際貿易の活発化が目的ですから、貿易取引を円滑にする貿易金融としてのドルは必要ですが、国際的に資本を動かし、投機的な利鞘《りざや》稼ぎの国際資本取引を媒介する通貨は、必要はなかったのです。ですから各国は、アメリカが余分にドルを世界に供給しないよう、もしそうした場合、ドルを金と交換し、アメリカから金を引き出すことによって、アメリカの世界へのドル供給の自制を促したといってよいでしょう。

しかし、アメリカの輸出志向産業は、多国籍企業となり、国際的資本取引が活発になり、金融組織も貿易金融だけではなく、国際的企業の集中合併など、国際的証券市場を股にかけてビジネスを展開する時代になりますと、固定相場制の下で国際資本取引が規制されるケインズ的国際経済システムが邪魔《じゃま》になります。こうして、ニクソン政権は、金とドルとの交換を停止し、ドルを金の制約なく供給できるシステム改革に乗りだし、1973年からは、為替の固定相場制を廃止し、国際資本取引の自由を短期の投機的取引も含めてすべて認める変動相場制に改変していったのです。

1970年代は、インフレの時代でした。アメリカ国内の金融システムは、ニューディール期からの金融規制が自由化されてはいませんでしたから、規制があり、金融業態にも様々な規制がかけられていました。ですから、アメリカの金融機関は、変動相場制の下で、国際的資本取引から利益を上げるべく、多国籍銀行となって海外展開を進めていったのです。インフレが急速に進みますと、金利が規制されている下では、実質金利が低下します。なぜなら、名目金利が上がっても実質金利は、それを物価上昇率で割り引かなければならないからです。たとえば、名目金利が5％上がったとしましょう。けれども同じ時期、物価が10％上昇したならば、差し引き、実質金利は、マイナス5％（5％－10％）となってしまうからです。

コラム②

ニクソン大統領による金とドルとの交換停止

1971年8月15日、世界は、アメリカ大統領ニクソンの発表に愕然《がくぜん》としました。アメリカが、1944年のブレトンウッズ協定によって各国通貨当局に約束してきた、金1トロイ・オンス＝35ドルの交換を停止するとしたからでした。8月13日金曜日、ニクソン大統領は、主要閣僚を伴って、メリーランド州にある大統領の山荘、キャンプ・デービッドに向かいました。この山荘は、ホワイトハウスから70マイルほど離れた山の中にあります。フランクリン・D・ローズヴェルト大統領が、ワシントンD・Cの夏の暑さから抜け出す避暑地の山荘として、1942年に建設されました。戦時中、ローズヴェルト大統領が、連合国によるフランス・ノルマンジー上陸作戦をイギリスの首相チャーチルと練った場所でもあります。

この金ドル交換停止は、時の財務長官ジョーン・コナリーのリードによって行われましたが、ニクソン大統領がその時発表した経済政策のひとつにすぎません。その他、ニクソンは、一時的に10％の輸入課徴金を課すと発表しましたし、国内では、90日間の賃金・物価・賃料の凍結、10％の新設備投資への税額控除、個人所得税減税の繰り上げ実施、連邦自動車消費税の廃止による減税を打ち出しました。この政策はインフレ気味の経済停滞を払拭し、貿易赤字の解消を図るものといわれましたが、政治的には、翌年の大統領選挙を有利に進めようとする現職大統領ニクソンの思惑があったことは否めません。この政策効果によって、73年1月10日まで、経済成長率、消費者物価上昇率、失業率いずれの指標も好成績をおさめ、72年大統領選では、ニクソンの地滑り的大勝利となりました。

＊レーガン・ブッシュ政権の特質

ニクソン政権が、国際的なケインズシステムを新自由主義システムに改変した政権だったとすれば、レーガン・ブッシュ政権は、国内的に金融の自由化を図り、国内的にもケインズ政策を葬る重要な役割を果たした政権であったといえるでしょう。ケインズ政策が、漸進的インフレによって「金利生活者の安楽死」つまり、金融権力の弱体化を目指したことは、既述の通りです。1970年代、金利規制の下での物価急騰は、実質金利の下落を引き起こし、まさに「金利生活者の安楽死」状況だったといえるでしょう。ですから、アメリカの金融機関は、国内のビジネスをあきらめ、多国籍銀行として国際展開を図り、「安楽死」を逃れる戦略と戦術の下でビジネスを展開したのでした。民主党カーター政権から政権を奪還した、共和党ロナルド・レーガンは、金融権力の復権を目指し、専門的経営者の経営方針を金利生活者である株主側に引き寄せ、労働者階級の力を貶《おとし》め、反ケインズ主義政策の実践をアメリカで最初に行った大統領だったという歴史的評価を下すことができるでしょう。

彼はまず、金融引き締め政策から経済恐慌を引き起こし、大量の失業者の創出から賃金抑制を狙ったのでした。大量の失業者の群れは、アメリカ労働者に賃金水準を抑える効果を引き起こしました。賃金は、資本と労働間の所得をめぐる闘争によって決定されます。レーガン政権による労働組合攻撃、福祉切り捨て、そして、大量の低生産性サービス労働の創出は、アメリカに低賃金を構造化させるきっかけを与えたといっていいでしょう。

レーガン大統領の労働組合攻撃としてよく知られているのが、連邦航空管制官ストライキへの弾圧です。これは、1981年8月3日午前7時に、連邦航空管制官組合が連邦航空庁を相手取って起こしたストライキに対する弾圧でした。レーガン大統領は、午前11時、すべての航空管制官に48時間以内に職場復帰しなければ全員を解雇すると伝えました。これに対して、約５０００名の航空管制官は大統領のいう期限内に職場復帰することとしましたが、残る1万１４００名はストライキを続け、全員が解雇されたのでした。

レーガン政権の金融改革は、規制緩和の経済政策の下、１９３０年代大恐慌以来金融業にかけられていた様々な規制を金融資源の効率的配分の実現を妨げると断定し、自由化しました。この金融自由化は、クリントン政権末期に完成をみることになりますが、その意味では、このレーガン政権期の自由化は、その生成期における自由化ということができるでしょう。

１９８３年から84年にかけて、アメリカ経済では、レーガン政権の軍事偏重の財政支出政策によって、力強く景気回復が開始されましたが、物価上昇率の鈍化が引き起こされ、金利の高止まり現象は、実質金利の上昇を引き起こしたのでした。この実質金利の上昇は、金融機関にとっては好都合でしたが、製造業にとっては不都合なものでした。１９８０年代前半のいわゆる「ドル高・高金利」は、アメリカ輸出企業にとっては経営上不利であり、企業そのものが海外に進出するアメリカ企業の多国籍化が急速かつ大量に引き起こされ、その結果アメリカにおける産業空洞化が深刻に展開することとなりました。当時、アメリカの経済誌『ビジネス・ウィーク』が、「空洞会社」（Hollow Corporation）という表現を使って特集を組んだことがありましたが、「空洞化」ということばが、一つの流行語となったことにもそれは表れていたといってよいでしょう。

レーガン政権の反ケインズ的政策のもうひとつに、累進課税制度の否定があります。累進課税制度は、ケインズ税制の基本であり、高額所得者の限界税率を高め、限界消費性向を高め、有効需要の増大による経済成長の維持を図るものですが、レーガン政権では、個人所得税の一律減税と最高限界税率の引き下げが行われ、税制を通じた格差構造の拡大につながる歴史的発端となりました。

＊レーガン・ブッシュ政権の対日経済政策

ところでこうした、レーガン政権期の経済政策は、対日政策としてはどのように展開されたのでしょうか？　当時日本は、輸出が好調であり、１９８０年代前半の「ドル高・円安」が追い風となって、空前の対米貿易黒字を稼ぎ出し、一気に世界最大の債権国に成りあがろうとしていました。債権国とは、対外経済関係において債権額が債務額を上回る状況をいい、その金額が世界最大になったということですが、具体的にはどういうことなのでしょうか？

それを理解するには、国際収支における経常収支について知る必要があります。まず、輸出による受け取り、対外投資からの収益、移民による対内送金、その他の収入を外国から獲得しますと、これらはまとめて経常収入といいます。その逆に輸入による支払い、対内投資から生じる支払い、移民による対外送金、その他の支払いを外国に行いますと、それらは経常支払いとなり、その差額が経常収支ということになります。輸出による受け取りなど経常収入が支出を年々上回りますと、それを経常収支の黒字という表現をしますが、その国には年々外貨が貯まっていくことになります。

これを私たちの家計になぞらえて考えますと、経常収入が一家の稼ぎで、経常支出が一家の支払いになります。収入が支払いを上回りますと、経常収支は黒字で、その差額が貯蓄になり、銀行に預けておけば、それは自動的に銀行への貸付となります。貸し付けられるお金は、家計から出ていくことになりますから、資本収支において自動的に赤字が発生することになるのです。

つまり、経常収支の黒字は、同時に同額の資本収支の赤字になるという理屈です。国際経済関係の場合、支払いは通常国際金融の中心地において、中心国の通貨が国際的支払いに使用され、戦後はドルで行われましたから、経常収支黒字の国には、ドルが蓄積され、自動的にその分対外的貸付となり、対外債権が拡大します。逆に経常収支の赤字の国には、その分、自動的に対外的借入が生じ、対外債務が拡大します。日本が世界最大の債権国になったというのは、経常収支の黒字を継続させ、対外債務額を対外債権額が超過し、その超過額が世界一になったことを意味します。

一方、アメリカはこの時期、世界最大の債務国に転落しました。貿易赤字の連続で、経常収支の赤字が継続したことがその原因ですが、アメリカの場合、対外的支払いを自国通貨ドルで行うことができますから、世界各国がドルの受け取りを拒否しない限り、赤字を継続することはでき、したがってアメリカは、今日まで経常収支の赤字を継続させ、世界最大の債務国であり続けています。

通常、世界経済を支配するには、対外的債権国であることが必要であるといわれてきました。19世紀のイギリスの世界支配、いわゆる「パックス・ブリタニカ」も、20世紀になってのアメリカの世界支配、いわゆる「パックス・アメリカーナ」も盤石《ばんじゃく》な債権国家であることが基盤となって実現されたものでした。したがって、いかに自国通貨ドルが世界に通用しているとはいえ、アメリカは経常収支の連年の赤字によって、世界最大の債務国となった現状をこのまま黙視するわけにはいきません。世上、「ジャパン・アズ・ナンバー・ワン」(Japan as Number One) などといわれ、対米貿易黒字を出し続け、アメリカに代わって日本が世界最大の債権国に成りあがっている現状をどう逆転させるのか、アメリカの政権にとっては、政策転換の正念場が到来したといってよいでしょう。どのような戦略によって逆転させるのか、レーガン政権は、日米経済関係逆転のカギをまず金融に求めたといっていいでしょう。

日本を金融によって支配するという日米逆転の戦略は、1983年11月のレーガン大統領の日本訪問をもって実施され始めました。レーガン大統領が訪日した83年11月には、日本の大蔵大臣竹下登氏と米国のリーガン財務長官によって、先物為替取引の実需原則の撤廃など8項目にわたる金融自由化を、1984年4月1日をもって実行に移すことが発表されました。さらに、同じ年の6月1日には、円転換規制の撤廃が実施されることとなりました。為替取引の実需原則の撤廃や円転換規制の撤廃は、今日の金融グローバリズムと密接に関連し、金融の自由化を基軸とする現代の新自由主義とかかわりますから、ここで少々詳しく説明することにしましょう。

戦後の為替制度は、すでに本書で述べましたように、固定相場制が、１９７３年まで多くの先進資本主義国において採用されてきました。国際貿易を活発にするというケインズ的な経済政策の国際版であり、貿易収支を基軸とする経常収支取引の自由を実現し、世界的に経済成長の促進を図る制度として実効性を発揮したのです。そして、この政策には、国際資本取引の規制はぜひとも必要な措置だったのです。なぜなら、もし固定相場制を維持することを各国に義務付け、資本取引を自由化すれば、大量の国際的に動く資本取引に中央銀行が為替介入を行い売り買いの調整をして、固定相場制を維持しなければならず、それでは、中央銀行の政策が海外資本の動きによって左右され、金融政策の自立性が保てなくなるからでした。

わが国日本は、東京オリンピックが開催された１９６４年にようやく経常取引の自由化を実現し、ＩＭＦ８条国になりました。ＩＭＦ８条国とは、国際収支上の理由で貿易をはじめとする経常取引を制限してはならない国のことをいいます。戦後初めて海外旅行が自由化されたのもこの時です。そして、この為替取引において、日本は、ケインズ主義を遵守《じゅんしゅ》し、実体のない為替取引は、厳しく取り締まったのです。

これは、実体のない純粋に投機を目的とする先物為替取引を禁止することを意味します。貿易などの経常取引には、実体があります、綿花を輸入したり、鉄鋼を輸出したりすることに伴う為替取引は、実態を伴う為替取引です。たとえば３カ月後に１００ドルの金額で支払うという約束をしたとしましょう。それは、先物為替取引といいますが、為替相場がその3カ月でどう動こうと、約束した100ドルの支払いをしなければなりません。これを先物為替取引というのです。先物取引は、支払いの確実性を担保するには不可欠なやり方ですが、これを実体のない為替取引に使えば、為替相場の変動を利用して投機的利益を生み出すことが可能です。たとえば、なにも実体がないにもかかわらず、AがBから1ドルを120円で3カ月後の先物で買ったとしましょう。3カ月後にドル相場が、1ドル120円から140円に上がったとします。AはBに先物相場の120円で1ドルを買い、直物相場の1ドル140円で売ります。手数料その他一切の費用を無視すれば、この取引で20円の利益がAに発生します。これは実体のない投機的取引です。この投機的取引を禁止したのは、もしこれを許せば、相場の変動を利用して大量の投機資本が為替市場間を動きまわり、固定相場制を維持することが困難になるからなのです。

したがって、これを禁止したのは、金融政策の自立性を保ち、固定相場制を維持するためには当然の措置といえるでしょう。また、日本は、海外からの投機資本の国内流入を阻止するため、円転換規制といって、銀行がドルなど外貨を取り入れ、これを円に転換することに規制をかけたのです。

しかし、世界の為替システムは、1973年には、変動相場制に移行し、国際資本取引の自由化が引き起こされていきます。日本はこうした世界の状況のなかで、あくまで先物為替取引の実需原則と円転換規制をとり続けていたのですが、世界的に資本を動かし、利益を上げることを狙うアメリカの投資銀行をはじめとする金融機関は、日本の金融・資本市場での大儲けを企み、この規制の撤廃を要求し実現したのでした。

レーガン政権下、アメリカの対日経済関係逆転の第二弾は、1988年包括通商・競争力法の成立とそのスーパー301条の日本をターゲットとした発動に始まりました。すでに述べましたように、戦後の世界の貿易システムは、ケインズ的自由貿易主義を理想として、自由・無差別・多角のシステムの実現を図ろうとしてきました。ところが、こうしたシステムは、アメリカの通商政策の転換によって大きく変貌していきます。一言でいってそれは、アメリカ多国籍企業の市場占有率の拡大を目的とする通商政策への転換です。

すでにアメリカでは、1974年通商法を成立させ、その301条では、貿易相手国に対する報復措置を認めたのです。同条では、諸外国政府が不公正、不適切、あるいは差別的な方法でアメリカの通商を妨げたと思われる場合、その調査の開始を大統領に認め、不公正が判明すれば、大統領が直ちに協議に入ることを権限づけ、十分な解決に達したとみなせない場合は、関税率の引き上げ、輸入割当量の削減などの報復的な手段に訴えることができると定めたのです。これは明らかに強権的保護貿易主義ともいえるものであり、戦後の自由・無差別・多角のケインズ主義的貿易システムとは異質の政策転換であったといえるでしょう。

1988年の包括通商・競争力法はこの制裁措置を一層強力に進める点に特徴がありました。

同法３０１条、通称スーパー３０１条は、まず制裁の権限を大統領から国際通商の実際の交渉機関である米国通商代表部（ＵＳＴＲ）に移したのです。このことによって法律の執行が敏速かつ機動的に行われることになったのはいうまでもありません。また、スーパー３０１条は、通商代表部がまとめた『外国の貿易障壁に関する年次報告書』や関係業者の訴えに基づいて、とくに問題とすべき貿易障壁事項や国を取り上げ、通商自由化優先国として協議に入らなければならないと規定したのです。また、もしその協議・あるいは交渉で合意ができなかった場合、通商代表部は自動的に制裁措置を決定し、30日以内に実施すると定めたのです。

１９８９年5月25日、日本の産業界に激震が襲います。米国通商代表部が、日本を１９８８年包括通商・競争力法に基づく交渉優先国と指定し、交渉を求めてきたからです。スーパー・コンピュータ、人工衛星、木材の三分野に不公正な市場慣行があると特定したからでした。これら３品目については、いずれも日本側の譲歩によって解決を見たのですが、実は、アメリカは、この対日交渉によって、日本をこの交渉とは別次元の、日米構造問題協議に着手することを考えていたのです。しかもこの構造問題協議におけるアメリカの対日要求は、単なる通商要求ではなく、日本の新自由主義的構造改革を要求するものだったのです。

ときは、１９８９年7月14日、フランスは、パリの郊外アルシュにおいて、先進国首脳会談が開催されました。ここで、アメリカ・ブッシュ大統領（G・H・W・Bush）と竹下首相の後継であり、女性問題でわずか69日の在任で失脚した、わが国の首相宇野宗佑氏が会談し、両国は構造協議を行うことに同意したのです。この協議は、１９９０年６月25～28日の第５回会合で最終報告書がまとめられるという経緯で進み、日本側の首相はその時、海部俊樹氏になっていましたが、実施に関して大きく六つの要求がアメリカから日本へ出されたのです。

第一は、貯蓄・投資パターンの変化、具体的には、貯蓄の減少と投資の増加によってバランスを図り、経常収支の黒字を削減せよとするものです。内需を積極的に拡大し、輸入が増えれば、日本の経常収支黒字は減少するはずだという理屈による要求です。これによって日本の公共投資が増額され、この対米約束によって日本の財政危機が深まることになったことはよく知られた事実です（**コラム③**）。

第二は、土地利用にかかわるもので、大都市の高地価がアメリカ企業の対日進出を妨げているとするもので、日本政府は、１９９１年末、都市近郊の農地に対して優遇していた税制を廃止する措置をとりますが、これらの税制による大都市の地価を下げる効果はゼロでした

第三の要求は、流通に関するもので、流通における規制がアメリカの対日輸出を妨げているとするものでした。アメリカの狙いは、大規模店舗規制法の撤廃にあり、おもちゃの老舗、トイザラスの対日進出をサポートすることでしたが、１９９１年大規模店舗規制法の改正が行われました。それにより出店調整期間の短縮その他の規制緩和が行われ、日本の大型店も出店規制が徐々に解かれ、中小商店からなる伝統的な街が次々と消えていくきっかけとなりました。

アメリカが要求した第四は、排他的取引慣行の除去、つまり独禁法の運用強化と公正競争の

実現でした。ここでアメリカが主張したのは、内外無差別の原則を貫けということでした。

そして、アメリカの要求する第五は、系列関係による排他性の除去でした。戦後形成された系列が外国資本の日本進出を阻止しているからこの系列支配を除去せよとする、この要求項目は、構造協議の最大の重要課題の一つとして位置づけられたのです。

戦後日本では、戦前の財閥支配が解体され、旧財閥系の企業グループは、持ち株会社による支配関係を継続することが困難になったなかで、株式の相互持ち合いなどの手段によって、系列として復活しました。この系列支配は、1955年以降形成されることになりますが、このことによって、外国資本の日本市場への参入が困難な状況となっていました。なぜなら、仮に外国資本がある会社の株式を買収して支配しようとしても、買収に応じなければ企業の買収はできません。株式を相互に持ち合ってお互い買収に応じない約束をしておけば、企業の乗っ取りは防げるということになるからです。

日本政府は、この点に関して、1990年6月28日、「直接投資施策の開放性に関する声明」を発表し、対日投資の規制を最小限に抑えて、外国企業と国内企業を差別しない内国民待遇の原則のもとに事を運ぶことを約束します。1992年1月1日に施行された改正「外国為替及び外国貿易管理法」においては、一般例外要件に該当するものや、農林水産、石油、鉱業、皮革・皮革加工の4業種を除いて、対日投資に関しては、従来の事前届出制から事後報告制に変えたのでした。一般例外要件とは、国の安全を損ない、公の秩序の維持を妨げ、または、公衆の安全の保護に支障をきたすことになるもの、またわが国経済の円滑な運営に著しい悪影響を及ぼすことになるものをいいます。

そして、アメリカが要求した第六は、価格メカニズムにかかわるもので、内外価格差の是正が求められたのです。（拙著『日本の構造「改革」とＴＰＰ』新日本出版社、２０１１年、62～66ページ参照）。

コラム③
財政赤字の拡大はどこまで可能か？

長期にわたって財政赤字が拡大を続けると国民経済はどうなるのでしょうか？　巨額な赤字と政府債務がＧＤＰ成長率をはるかに超えて増大し続けますと、コントロール不可能な状況に陥る危険性が発生します。なぜなら、債務返済の金額が、財政支出の多くの部分を占め、国家財政の本来の機能が不全状況に陥るからです。こうなりますと投資家から政府債務を保有しようとする意欲が剥奪され、債券価格の暴落とともに長期金利の急騰が起こるでしょう。設備投資は落ち込み、経済は混乱に陥ってしまうことになります。

としますと、持続可能な財政赤字戦略にとって決定的に重要なのは、累積債務・GDP比を投資家が合理的な金利で保有してもよいとする水準に安定させることになります。中長期的に累積債務・GDP比は、単年度の財政赤字・GDP比を名目GDP成長率で割った値に落ち着きます。たとえば、年間赤字がGDP比3％で名目GDP成長率が4.5％としますと、累積債務・GDP比は、約66％で安定します（3％÷4.5％＝0.6666…）。

財政赤字を考える場合、重要なことは、国の借金は完済する必要はないということです。国の借金は、個人のローンとは異なるからです。債務は存在し続けても安定していれば、国債は借り換えが可能ですから対応できるということなのです。ただし、単年度の赤字・GDP比の増大が止まらないとか、現在の日本のように、経済成長がストップしてしまうことが長期的に起こりますと、深刻な問題が発生する可能性があります。経済成長は、財政赤字を維持可能な範囲で継続させる重要な条件であることを忘れてはなりません。なかには、「経済成長は必要ない、分配を公平にすればいい」という議論がありますが、現在の日本のように、多額の借金がある国では、そうした議論は通用しません。

3　クリントン政権と橋本政権
——橋本「五大改革」による新自由主義的制度「改革」

クリントン政権が、ブッシュ大統領の再選を阻止し、1993年1月に誕生しました。クリントン政権は、戦略的通商政策を旗印に、がむしゃらに日本の市場開放を要求しますが、ブッシュ前政権と同じように、アメリカ多国籍企業の市場占有率を高める政策を日本に押し付けてきます。1993年6月、クリントン政権は、新しい協力関係を目指すとする日米包括協議の開始を宣言します。日本の特異な経済構造が、アメリカの貿易にとって極めて大きな障害になっているというのがその開始の理由ですが、クリントン大統領は、1993年7月の宮澤喜一首相との会談で、両国が『年次改革要望書』を取り交わす約束を取り付けます。この『年次改革要望書』は、クリントン政権と日本政府との間において毎年取り交わされ、アメリカ側は、日本に新自由主義的構造改革を強く求め続けましたが、日本の政局は、1993年から1996年まで混迷を極め、クリントン政権にとっては、1996年1月11日、橋本龍太郎自民党総裁を首班とする自民、社会、さきがけの連立の合意によって成立した橋本連立内閣に期待を寄せることになります。

橋本政権の誕生は、クリントン政権にとって期待をかけるにたる政権の発足でした。1993

年に自由民主党は宮澤政権下、１９５５年の結党以来、初めて大分裂し、１９９３年８月の細川非自民政権の誕生は、日米首脳会談の決裂など、戦後の日米関係史における珍事をもたらしましたし、94年６月に誕生した村山富市政権は、たとえ議会で「自衛隊合憲、日米安保堅持」と発言したとしても、村山氏が日本社会党の党首である事実には変わりなく、クリントン大統領が警戒心を持っていただろうことは容易に想像できるでしょう。そこに待望の自民党政権が、たとえ連立であろうと誕生したわけですから、クリントン大統領の橋本龍太郎首相にかける期待も、ひとしおのものがあったとしてもおかしくはないでしょう。この事実は、日米安保の「再定義」に関する日米首脳の共同宣言の発表が、95年11月に予定されていたのに、クリントン大統領の来日延期で先送りされた事実にも表れているといえそうです。

96年10月橋本連立政権は、解散を断行し、小選挙区比例代表並立制の下で初めての選挙を行い、社会民主党惨敗の後を受けて、橋本龍太郎氏は、第２次橋本政権を11月に誕生させます。そのほぼ２カ月後の97年１月にクリントン政権は、前年の大統領選の勝利を受け、第２期目を発足させます。そして、クリントン政権は、第１期目の戦略的通商政策とは異なり、金融覇権を狙う、新自由主義的経済政策を完成させることになるのですが、わが橋本政権がその忠実な追随者となることは明らかでした。橋本首相は、96年11月29日に行われた第１３９回国会の所信表明演説で、「五つの改革」を提案し、アメリカの金融覇権への追随姿勢を鮮明にします。

98年７月の参議院選挙で自由民主党が敗北し、責任をとって橋本首相は辞任、首相の座は、小渕恵三氏に転がり込み、この「橋本改革」は結局失敗に終わったなどといわれることがありますが、私は、この「橋本改革」は、２００1年6月に開始された小泉構造「改革」の基本路線を確定したものであり、アメリカからの新自由主義的改革要求を率先して展開する対米追随を露骨に示した点においても、日本における新自由主義的制度「改革」の実施宣言であったということができると思います。また、「新しい資本主義」を表明した岸田文雄首相の経済政策の歴史的原点ともいえるものです。

橋本首相によって提起された五つの改革とはおおよそ次のようなものでした。その第一は、中央省庁再編を中核とする「国民本位の行政改革」です。２００1年1月1日を目指し、時代の変化に的確に対応でき「国民のニーズ」にあったサービスを効率的に提供できる行政に再編、ということがキャッチフレーズでしたが、本書第2章第1節で後にみるように、この行政改革は、「国民のための行政改革」というよりは、「財界のための行政改革」だったのです。

第二は、産業の空洞化と高齢社会の到来に対応する経済構造「改革」です。徹底した規制撤廃・緩和、企業の労働に関する諸制度の改革ですが、規制撤廃によって弱肉強食の世界が到来することが予想されました。

第三は、ニューヨーク、ロンドンとならぶ国際金融市場の復権です。これは、いわゆる日本の「金融ビッグバン」のことですが、なぜそれが必要というのでしょうか？ 金融システム改革は、世界でも有数の１２００兆円にものぼる個人金融資産を保有し、高齢化社会の到来を抱えるわが国日本にとって、金融資産を有利に運用できる場をつくるために不可欠であり、この資金を新規産業などの成長分野や、世界の国々に円滑に供給することは、わが国のみならず世界の繁栄につながるというのです。

「新しい資本主義」を唱道する岸田首相が、5月5日に世界の金融中心地ロンドンのシティで行った講演で強調したのもこの点でした。個人の金融資産額は、現在では、1200兆円ではなく2000兆円にも上っていますが、この巨額な金融資産を「大胆・抜本的に」貯蓄から投資に振り向けることを岸田首相は、提唱したのです。つまり「貯蓄から投資へ」のシフトを「資産所得倍増計画」と位置付けたのです。岸田首相は、「新しい資本主義を実現するためには、国際金融センターとしての日本の復活が必要です」と述べたそうです（合田寛「『新しい新本主義』を考える③　しんぶん『赤旗』2022年9月8日号より）。

岸田首相の言う「新しい資本主義」は、すでに前世紀1996年、橋本「改革」において主張されていた、決して「新しくはない」資本主義であることはここからもわかりますが、橋本改革の第四は、「長生きしてよかったと思える」社会の建設です。いわゆる「社会保障「改革」ですが、介護保険制度の創設は、医療、年金、福祉を通じた横断的な見直しを行い「21世紀にふさわしい」社会保障を実現するとします。そして、第五が、「豊かな国民生活の実現と後世代への責任を果たす」ための財政構造「改革」なのです。

橋本「改革」が行おうとしたことをまとめれば、三つの柱があることがわかります。第一の柱が、財政再建でした。橋本政権は、97年1月1日をもって、消費税を3%から5%に引き上げます。橋本政権は、すでに96年、住宅金融専門会社、いわゆる住専の破綻処理に戦後初めて財政資金6850億円の本格的投入を行い、金融危機処理はそれで片が付いたと判断したのか、増税と歳出削減による財政再建に乗り出すのです。消費税増税だけではありません。減税の廃止、勤労者の健康保険自己負担率の一割から二割への引き上げ、老人医療保険の自己負担増などによって、約9兆円に上る国民負担増を実施したのです。

政府の見通しは甘いものでした。「96年度下半期には民間需要主導による自律的回復的循環がみられるようになった」としていたからです。しかし、日本の金融機関の不良債権問題は深刻でした。97年7月のタイのバーツの暴落に端を発するアジア通貨危機、ロシアのルーブル危機、アメリカ大手ヘッジファンド、LTCMの事実上の破綻など、97年と98年は、世界的に金融危機の嵐が吹き荒れました。日本も例外ではありません。97年11月三洋証券の会社更生法適用申請に始まり、同じ月、北海道拓殖銀行の破綻、山一證券の自主廃業と続きます。橋本首相退陣後、98年10月には日本長期信用銀行が特別公的管理を申請し、一時国有化、12月には、日本債券信用銀行が破綻し、一時国有化されるという金融危機が襲ったのでした。

橋本「改革」の第二の柱は、規制緩和でした。96年1月22日の施政方針演説で、橋本首相は、「経済的規制については原則自由、例外規制、社会的規制については、本来の目的に照らした最小限のものとするという基本的考えに立ち、規制が時を経て自己目的化したり、利権保護の砦となっているような事態が存在しないか、抜本的にその見直しを行ってまいります」と述べています。

こうした規制改革に積極的に関与してきたのは、アメリカ政府ですが、クリントン政権下の97年11月7日日本政府に提出された『年次改革要望書』では、「規制緩和を支持する橋本首相及びその内閣の力強い発言に力づけられている」と橋本政権にエールを送り励ましています。

この1997年の『年次改革要望書』において特に注目すべきは、日本の金融ビッグバンについてふれられていることでしょう。第2期クリントン政権になってアメリカの対外政策は金融覇権を求めるようになってきました。そうしたアメリカの金融覇権の強化という政策に積極的に協力し、実行してきたのが、日本の経済政策だったのです。こうして、橋本「改革」において第三の柱として実施される、金融システム改革は、アメリカから最も注目され、かつ実施を要望された「改革」となったのです。

橋本首相による金融システム改革は、96年11月「わが国金融システムの改革」の発表に始まります。橋本首相は、「フリー」「フェア」「グローバル」の三原則によって金融システムの大改革を2001年までに実施するように、大蔵大臣、法務大臣に指示をします。98年3月に法案が国会に提出され、6月5日に「金融システム改革法」(「金融システム改革のための関連法律の整備等に関する法律」)が成立し、一部を除き、同年12月に施行されることとなりました。その年に「外国為替及び外国貿易法」改定があり、対外取引は、「原則自由」となったのもまさにその一環だったのです。

まず「フリー」。金融機関にはさまざまなものがあります。商業銀行、証券会社、信託銀行、保険会社などが挙げられますが、従来これらの業種間には、垣根がありました。銀行と証券会社が、同一の会社として営業することは禁止されていました。アメリカでは、1929年大恐慌の時の苦い経験から、信用を過度に供給し、投機を煽ったとされた商業銀行は、証券会社、アメリカでは、投資銀行といいますが、それと兼業することが禁じられてきたのです。戦後アメリカのシステムを踏襲した日本でもそれは同様でした。しかも、日本の場合、戦前の財閥が多くの金融機関を傘下に収め独占力を振るったことから、持ち株会社によってこれらの金融機関を支配することは固く禁じられてきたのです。

しかし、1993年4月に施行された「金融制度改革関連法」が、銀行業、証券業、信託業の子会社による相互参入を許可し、98年の金融システム改革で、その垣根が完全に外され自由となったのです。金融に限ってということですが、持ち株会社が解禁されたのです。いまや、銀行、証券、信託、保険などあらゆる金融業務を「持ち株会社」(ホールディングス)によって統合することが可能となったのです。また、株式売買手数料の自由化、証券投資信託規制の撤廃、有価証券店頭デリバティブの全面解禁など、アメリカの金融機関にとっても営業しやすい環境を整えたといえます。

第二に「フェア」。これは、不良債権の実態をはじめとした金融機関の経営実態のディスクロージャー、すなわち、情報開示であり、公正な取引ルールの確立を意味します。大蔵省、橋本「改革」によって、財務省と名称を変えますが、そこから独立した金融監督庁による銀行の不良債権や健全性の調査・監督が含まれます。

第三に「グローバル」。これは、国際的基準に沿った会計基準などの整備ですが、アメリカ主導の国際取引や会計基準に合わせることは明らかでした。

こうした金融システム改革は、戦後の日本の金融機関のあり方を大きく変えるものとなっていきます。財閥解体によって、日本の財閥は、戦後、持ち株会社による支配が不可能となり、系列という企業集団に再編されます。三井、三菱、住友、安田（富士）の旧財閥系に、新たに第一銀行系、三和銀行系が加わり、いわゆる戦後六大企業集団が株式の相互持ち合いによって形成されました。そして、戦後日本の大企業は、系列内金融を行うことで六大銀行ごとの企業集団を形成したのです。この金融方式は、商業銀行による間接金融が中心であったことは言うまでもありません。しかし、アメリカ主導の金融システム改革は、その金融方式を、株式市場中心の直接金融に大きく変えていくことを目指したものでした。

この日本の金融システム改革を待ち望んでいたのは、アメリカの金融機関でした。日本の金融危機を好機到来とみて、大きなビジネスチャンスにすることを考えていたのです。日本の金融ビッグバンが、金融危機と同時進行で展開したという事実の背景には、やはり、クリントン政権の金融覇権を狙う対日戦略があったといえそうです。

日本長期信用銀行と日本債券信用銀行の破綻とその後の身の振り方を見ていけば、それは、だれもが納得できるわかりやすい物語といえるのです。日本長期信用銀行（長銀）と日本債券信用銀行（日債銀）は、1952年6月に公布された長期信用銀行法に基づいて設立されました。普通の銀行と異なって預金を受け付けるということを、長銀と日債銀は行いませんでした。債券を発行して資金を調達し、それを重要産業の設備投資資金として貸し付けるということがその仕事だったのです。1955年に開始される日本の高度成長期に多くの産業を育て、日本を世界一の債権国にのし上げるのに大きな役割を果たしたといっていいでしょう。しかし、1980年代に多くの産業で資金繰りが豊かになり、長期資金の借入を必要としなくなった時期において、長期信用銀行の役割は、ほぼ終えたといってよいでしょう。長銀と日債銀は、それにもかかわらず、営業存続をかけ、ハイリスクの不動産業やノンバンクなどに大量に貸し付けを増やし、結局不良債権を膨大に積み上げて経営破綻を引き起こすことになったのでした。

すでに本書で述べましたように、日本長期信用銀行は、1998年10月には、政府、金融再生委員会によって特別公的管理に入り、一時国有化されます。さらに金融再生委員会はその営業譲渡先の選定その他を、アメリカの金融機関であるゴールドマン・サックスに依頼します。結局、長銀は、アメリカ投資会社リップルウッド・ホールディングスが中心となって設立されたニュー・LTCB・パートナーズという金融持株会社に譲渡されます。LTCBが投資した投資総額は、1210億円でした。この契約には、「瑕疵《かし》担保条項」というものがついており、長銀の資産が二割以上減額すれば預金保険機構が当初の価値で買い上げるという有利な条件があったことはよく知られています。

2000年6月、LTCBが投資した長銀は、「新生銀行」と名称を変更して、2004年に東京証券取引所に上場されますが、株主のLTCBは、株式の約三分の一を売りに出し、売却額約2200億円を手にします。差し引き約1000億円の収益を上げた計算になります。

日本債券信用銀行の場合は、1998年12月に破綻銀行と認定され、長銀と同様に、一時国有化されたことは既述の通りですが、その後、ソフトバンク・グループ（ソフトバンクを中心としてオリックス、東京海上火災保険）に買い取られます。ソフトバンク・グループの投資額は約1010億円で、この場合も、長銀の時と同じように、「瑕疵《かし》担保条項」付きでした。日債銀は、あおぞら銀行となりますが、2003年4月、ソフトバンクが株式をアメリカ大手投資ファンドのサーベラスに売却し、あおぞら銀行は外資系金融機関の傘下に入ることになります。このとき、ソフトバンクは、グループの一員として約500億円で取得した株式を、約2倍の1000億円でサーベラスに売却していますので、差し引き約500億円をわずか2年半で取得したことになりました。

こうした金融機関の売買を容易にし、しかもそれが国の内外問わず自由にできるようになったのは、まさしく橋本「改革」の日本版金融ビッグバンによるものであったことは明記すべき歴史的事実なのです（拙著、前掲書、146～150ページ参照）。

II

新自由主義と世界経済危機

——日米の政権交代はなぜ起こったのか

1　日本の政権交代と経済政策
――日本の民主党政権はなぜ短命だったのか

＊輸出企業を直撃した世界経済危機

サブプライムローン危機に端を発する金融危機は、２００７年夏のヨーロッパがその発端でした。その危機は、２００８年９月15日には、アメリカの投資銀行４番手リーマン・ブラザーズの破綻に発展します。その金融危機は、日本にはどのような影響を与えたのでしょうか。

リーマン・ブラザーズの破綻による金融危機の勃発を私たちは、リーマン・ショックと呼びますが、その日本への直接的影響は、急速な円高と東京証券市場における株価の下落でした。ヨーロッパなどでは、アメリカのサブプライムローン関連の金融商品へ投資を行っていた金融機関が倒産するという事態が発生しましたが、日本の金融機関がサブプライム関連の金融商品への投資に失敗し危機に陥ったことはありません。しかし、金融危機の勃発は、アメリカ市場からドルが引き上げられる事態となり、円高が急速に進み、対米進出著しい日本の多国籍企業と輸出大企業の業績悪化などの懸念から、東京証券市場の株価下落となったのでした。

急速な円高がなぜ対米進出著しい日本の多国籍企業と輸出大企業にとって大幅な減収になるのでしょうか？ それを考察するには、現在、日米金利差からドルが買われて円が売られ、極端な円安状況において、対米進出著しい日本の多国籍企業と輸出大企業が濡れ手に粟の大儲けをしている、逆のケースが起こったと考えればすぐわかります。1ドル＝100円であった為替相場が、1ドル＝70円というような円高になったのです。アメリカ市場で、1ドルで売られる商品は、手数料その他一切余計なものを無視しますと、100円から70円になり、1ドルにつき30円の減収になります。日本の多国籍企業と輸出大企業の海外市場での販売量とその金額は半端なものではありませんから、これは深刻です。とりわけこの円高は、対米進出と対米輸出で多くを稼いできた日本の自動車企業の収益を直撃しました。トヨタ自動車の場合、1ドル1円の円高で400億円、ホンダの場合、200億円の営業減益になると報道されたものです。（『週刊東洋経済』2008年11月8日号、50㌻）。

世界経済危機の深刻化は、海外販売・輸出収入の激減を引き起こし、日本経済へ大きな影響を与えました。日本経済のGDP成長にとってこの時期、外需が果たす役割は極めて高いものだったからです。

確かに当時の日本経済のGDP総額に占める外需の比率はそう高くはありません。GDP総額に占める輸出の比率を輸出依存度といいますが、日本の輸出依存度は、2009年当時、11・5％ですから、他国と比べて低い数値だといえるでしょう。2009年当時、韓国は43・4

%、ドイツは33・0%、フランスでも18・1%でした（総務省統計局『世界の統計』2012〜2014）。しかし、日本の景気は、輸出の動向によって大きく左右されていました。GDP総額つまり経済の規模に対する輸出規模ではなく、経済成長、つまりGDPの増加との関係でいいますと、この時期の日本は他国と比較して、輸出の影響は大きかったのです。

この輸出依存の高い日本の経済成長は、戦後一貫して貫かれてきたようにも思われますが、とりわけ、2000年代になりますと、次に述べる小泉構造「改革」による格差社会の形成で内需が伸びず、輸出によってようやくGDPを維持するという状況になっていたのです。『週刊ダイヤモンド』は、次のように指摘しています。「欧米の景気が失速すれば、間違いなく日本も巻き込まれます。2010年で見ると日本の輸出額のうち米国向けが15%、EU向けが11%です。じつは、日本の輸出相手国第1位は、19%を占める中国です。さらに、日本から中国以外のアジア新興国向けの輸出が37%にも及びます。これらの国の多くは、日米欧を主な輸出先にしています。そこでは、日本から中国・アジア新興国に部品や素材を輸出して、現地で製品を組み立て、最終的に米欧に売る、ということが行われています。したがって、中国とアジア新興国は、程度の差こそあれ、日米欧の景気失速の影響は免れません」（『週刊ダイヤモンド』2011年10月1日号、60ページ）。

リーマン・ショック後の世界経済危機は、日本の金融業ではなく、日本の輸出産業へ深刻な影響を与えました。**図1**を見ればおわかりのように、世界経済危機の時に、先進国において工業生産がもっとも急激に下がった国は、日本でした。企業業績の悪化は、東京証券取引所の株価下落にも明確に現れましたが、派遣労働者や請負労働者の大量の首切りが発生します。解雇された労働者を支援しようとNPOや労働組合の人たちによって「年越し派遣村」が日比谷公園に2008年12月31日から翌年1月5日まで一時的な避難所として開設されたことにもみられますように、日本社会は、これまでにない深刻な事態に襲われ、いわゆる格差社会が白日のもとにさらされることになります。

＊橋本「五大改革」路線上の小泉構造「改革」

ところで、こうした日本社会の変貌を明らかにするには、2001年4月に政権を樹立

図1　　　先進国における工業生産

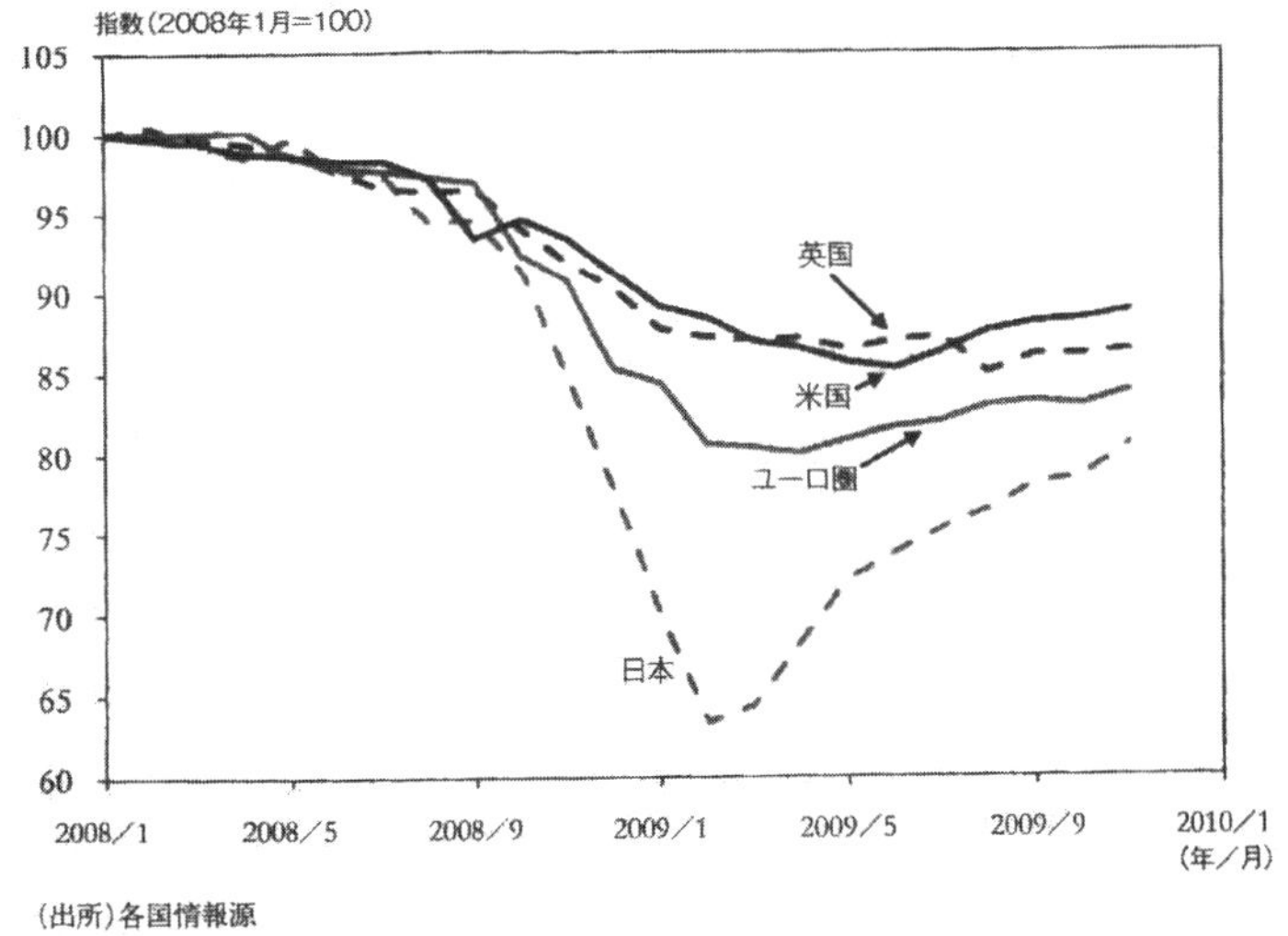

（出所）各国情報源

し、06年9月26日に幕を下ろした小泉純一郎氏の下で実行された小泉構造「改革」の顛末《てんまつ》を述べなければなりません。いかなる事情で小泉氏は、首相の座を勝ち取り、この構造改革を実行したのでしょうか。

1998年7月の参議院選挙は、自由民主党大惨敗となりました。アメリカ・クリントン政権の意を受け日本における新自由主義的制度「改革」を宣言し、橋本「改革」を実行した橋本首相は内閣総辞職、自民党総裁選を経て、小渕恵三氏が首相となります。しかし、2年足らずの2000年4月3日、体調不良で入院した小渕首相は、5月に死去します。

急遽《きゅうきょ》自民党執行部は、青木官房長官他4名のいわゆる5人組（青木幹雄・森喜朗・野中広務・亀井静香・村上正邦）が密談し、森喜朗氏を首相に選出しますが、この人も長続きしません。「日本は天皇を中心とする神の国」という失言で森氏は「非民主的」であるとか「首相の資格がない」などと言われましたが、退陣を決定づけたのは、2001年になり、日本の高校生の実習船がアメリカ海軍の潜水艦に激突され、多数の死者がでたあの「えひめ丸事件」の時、それを知りながらゴルフに興じるのをやめなかったということにありました。身内の自民党からも批判が続出、結局森氏退陣となるのですが、01年3月、自民党総裁選の前倒しが決定されます。頼りにならない森氏の後をだれにするかは、自民党にとってまさに正念場の選択であったといえましょう。

ここでとられた方式が、総裁選挙にあたって各都道府県に割り当てられた地方票を地方党員による予備選によって決定しようとするものでした。従来とは異なった自民党の総裁選びに反主流派から立候補した小泉純一郎氏にチャンスが巡ってきたのです。小泉氏は、「自民党をぶっ壊す」などと威勢のいいことを言って、実は、構造「改革」で国民生活を「ぶっ壊してしまった」総理大臣だったと私は思うのですが、扇動に乗せられた予備選での小泉人気はすさまじく、彼の圧勝となったのでした。

小泉構造「改革」は、経済財政諮問会議の主導のもとに進められます。そもそもこの経済財政諮問会議とは、小泉氏が創設したものではありません。本書第1章第3節において述べましたように、もとはといえば、第2次橋本内閣が成立し、橋本首相が1996年11月29日に行った所信表明演説における「五大改革」の第一に挙げられた中央省庁再編を中核とする「国民本位の行政改革」の一環として成立したものなのです。「経済財政諮問会議は、経済財政政策に関し、民間有識者の意見を政策形成に反映させつつ、内閣総理大臣がそのリーダーシップを十分発揮することを目的として、2001年1月6日、省庁再編とともに、内閣府に設置されたもの」なのです（首相官邸ホームページより）。

具体的にその諮問会議のメンバーをみますと、まず内閣総理大臣を議長として、官房長官、関連担当大臣、日銀総裁が議員としてならびますが、そのほかの民間有識者として名を連ねるのは、財界人と経済学者のみなのです。国民本位の行政改革の一環としてこの会議が設置されたというのなら、労働組合、中小企業家、農民、消費者など様々な国民各層からの代表が諮問会議に議員として参加するべきでしょう。しかし、この会議は、民間からは、財界人と経済学者のみというのですから極めて偏った構成といわなければなりません。

したがって、この経済財政諮問会議が決定した「基本方針2001」を見ても明らかですが、大企業・大金融機関などの財界の利害から経済構造改革が提起されているのです。

まず諮問会議は、〈新世紀維新が目指すもの――日本経済再生のシナリオ〉において、日本経済が90年代に陥った停滞と「国民の経済社会の先行きに対する閉塞感《へいそく》」を指摘し、その原因を「日本の潜在力の発揮を妨げる規則・慣行や制度」に求め、その「改革」を呼びかけます。しかも、経済成長の源泉は、「知識と知恵」にあり、技術革新と「創造的破壊」を通じて、人と資本を移動させ経済成長を生み出すとするのです。資源の移動は、「市場」と「競争」を通じて進んでいきますから、市場の障害物や成長を抑制するものを取り除くのが「構造改革」だというのです。

岸田政権の「新しい資本主義のグランドデザイン」においても、「資本主義のバージョンアップ」を主張し、新自由主義について「成長の原動力の役割を果たした」としているのですから、岸田政権の経済政策は、この小泉構造「改革」路線の踏襲といっていいでしょう。

＊政権交代はなぜ起こったのか

小泉純一郎首相は、2006年9月22日、経済財政諮問会議で最後のあいさつを行い、安倍晋三氏に首相の座を明け渡します。2006年9月26日、国会は、自由民主党総裁、安倍晋三氏を内閣総理大臣に選出しました。その後、安倍政権はどうなったのでしょうか。2007年7月29日、自由民主党は参議院選挙で大敗します。そのショックでしょうか、体調を崩した安倍総理大臣は、8月27日改造内閣を発足させますが、9月12日、突如首相官邸で記者会見を行い、「本日、総理大臣の職を辞するべく決意した」と内閣改造後、一カ月もたたないうちにさっさと首相を辞任してしまいます。代わって、福田康夫氏が国会で首相に指名され、9月25日新内閣を発足させますが、この方も長続きしません。1年もたたない2008年8月1日改造内閣が発足したのも束の間、9月1日には、はや退陣表明となります。

その後、世界経済は、急転直下、あの9月15日、アメリカ投資銀行4番手のリーマン・ブラザーズの破綻が起こります。メリル・リンチは、バンク・オブ・アメリカに買収され、日本にも進出している大手保険会社AIGが倒産の危機に直面しますが、この金融機関の倒産の影響はあまりに大きいと判断したアメリカ連邦準備銀行などが最大850億ドルという巨額の融資の方針を決定し、かろうじて倒産を免れるという事態になります。

こうした、アメリカにおける金融危機真っただ中という9月24日、日本では福田康夫内閣に代わり、麻生太郎内閣が発足します。自由民主党の読みは、衆議院選挙を控えて、福田康夫氏では乗り切れないとみて、急遽人気があるといわれた、吉田元首相の孫である麻生太郎氏を首相に起用したのです。危機が深まるなかでぼろが出ないうちに早めに総選挙を実施していれば、何とか麻生人気で総選挙を乗り切れたかもしれないのを、総理大臣職が面白かったのか、仕事に忠実だったのか、この人、総選挙を延ばしに延ばし、２００９年8月までやりません。

リーマン・ショックの影響は、日本でも深刻になり、とりわけ、２００８年の暮れには、派遣労働者の大量の首切りが行われ、既述のように、かつて聞いたこともない「年越し派遣村」が東京日比谷公園に設立され、民間ボランティアを中心に失業者救済対策が実施されます。総選挙が行われた前日、２００９年8月28日には、完全失業率5・7％が発表されます。選挙結果は、予想通りの自由民主党の大敗、民主党３０８議席確保で政権交代が実現したのです。

いずれにしても２００９年8月の総選挙の時は、小泉政権を引き継いだ安倍首相、その後の福田首相と、いずれも短命政権の後の麻生政権であり、彼が、２００８年9月15日のリーマン・ショックで落ち込んだ日本経済を立て直すことなどもちろんできなかったわけで、それに愛想をつかした国民が自民党に代わって民主党を選んだと解釈すれば、それはそれで、一応政権交代の説明にはなるのですが、ことの本質はどの辺にあったのでしょうか。

それを理解するには、橋本「改革」と小泉構造「改革」が、日本経済にどのような結果を引き起こしていたのかを論じることが不可欠なのです。実は、こうした新自由主義的構造改革を長期にわたって実施した国は、「世界広し」といえども日本だけだったといっていいでしょう。その結果、日本経済はどうなったのでしょうか。先進諸外国と比較してどうなったかについて、まずGDP成長率からみてみることにしましょう。

日本の名目GDPは、１９９7年を１００としますと２００7年、「いざなぎ景気以来の好景気」などと言って大企業は膨大な利益を上げていたにもかかわらず、１００でした。97年という年は、いうまでもなく、橋本首相が「五つの改革」を提唱した１９９６年11月29日の翌年ですし、２００７年といえば、小泉首相が退陣した翌年に当たります。

つまり、「改革あって成長なし」だったことになります。あったのは、大企業の大儲けと賃金の低落だったのです。ほぼ５００兆円程度だった日本のＧＤＰは、その後、リーマン・ショックを経て５００兆円を切る始末でした。諸外国を見てみましょう。同じ時期、カナダは、１００から１７３・３ですから、73・３％の成長、アメリカは69・０％、イギリスは68・５％、フランスは49・５％、イタリアは47・４％、ドイツは27・７％とそれぞれ成長しているのです。

雇用者報酬、つまり名目賃金ですが、日本の場合、橋本「改革」、小泉構造「改革」を経て、長期的に低下が止まりません。１９９６年を１００としますと09年では、ついに90を割りました。

しかし、こうした事態のなかで、大企業が大幅な利益を上げ続けていることに注目しなければなりません。大企業・高額所得者への減税が、中曽根政権以来、継続的に行われています。１９８３年当時、所得税の最高税率は75％、しかしその後、98年時で50％、さらに40％となり、小泉政権下でも踏襲されます。法人税は、最高時には43・３％でしたが、98〜99年に引き下げられて30％、その後も引き下げられ、現在では、23・５％となっています。さらに、小泉内閣になってから証券優遇税制がとられ、２００３年以降、株取引の所得には10％という大変低い税率の適用となったのです。証券市場の活性化のためというのがその理由ですが、株取引でたくさんの利益を上げるのは富裕層ですから、日本の格差構造を創り出すのにこの税制の果たした役割は大きかったといえるでしょう。

しかも、研究開発減税、ＩＴ投資促進税制、連結納税制度の創設、欠損金の繰越期間の延長など、大企業への減税措置は至れり尽くせりで、ほぼ税金を支払っていない大企業が多く出ています。賃金下落傾向のなかで、大企業の内部留保が「うなぎ上り」という状況なのです。

こうした、大企業・富裕層への富の集中を10年にも及ぶ橋本「改革」、小泉構造「改革」が創り出し、10年にも及び名目ＧＤＰ成長ゼロという国民無視の政策がとられてきたのでした。

構造「改革」ありて、成長なし、という日本経済をリーマン・ショックが襲ったのです。２００３年以来、大企業の収益と内部留保、そして株価は上昇を辿りますが、大企業は、日本の内需に期待が持てず、多額の製品を欧米市場に輸出することで大儲けをしていました。小泉構造「改革」の一環として実施された、２００４年派遣労働の製造業への解禁は、日本の労働市場を一変させ非正規労働者の激増で、低賃金労働者が増加し、国内消費が上向きにならなかったからです。豊かな国民が多くいることで内需は拡大するのですが、構造「改革」は、それとは真逆の日本経済を創り出してしまったのでした。

リーマン・ショックはアメリカの内需を激減させ、日本企業のアメリカ市場頼みは、打ち砕かれます。アメリカ発金融危機の日本経済への影響は、深刻でした。アメリカ資本市場からは、ドルが引き上げられ、日本円が大量に買われたことで、急激な円高が起こりました。円高と対米輸出量の大幅な減少で、トヨタ、日産はじめ輸出大企業の生産は急減、すでに図1において示したように、世界経済危機において、日本は、もっとも生産が激減するという国になったのです。派遣労働者や請負労働者の大量解雇が実施され、「年越し派遣村」がつくられるという、日本にはこれまでになかった深刻な事態が展開したことはすでに述べました。

まさに、リーマン・ショックをきっかけに、橋本「改革」、小泉構造「改革」によって痛めつけられた日本経済の実態が明るみにさらされたといっていいでしょう。そこで、経済政策の一大転換が求められたのです。２００９年8月に行われた総選挙において、「国民の生活が第一」というう民主党のキャッチ・フレーズが国民の心をとらえ、民主党の地滑り的大勝利となったのは偶然ではなかったのです。

＊鳩山政権と「国民の生活が第一」

２００９年9月9日、民主党、社民党、国民新党が連立で政権に合意し、16日には、鳩山由紀夫氏が第93代首相に指名され、新内閣を発足させます。鳩山政権はその年の12月30日に「新成長戦略（基本方針）〜輝きある日本へ〜」を閣議決定します。この新成長戦略は、国民や生活者の「需要創造」を重視する「第三の道」を目指すとしました。ここでは、それまでの金融重視・規制緩和一辺倒の橋本「改革」や小泉構造「改革」の路線から大きく国民本位の需要重視の経済政策に転換させるかに見えました。本格的に国民の懐を温める税制や非正規雇用の正規化問題、最低賃金の上昇などに切り込めば、「失われた20年」などといわれた日本の経済状況も一歩前進の方向に進めたかもしれません。環境・エネルギー分野で新規市場50兆円、新規雇用140万人、健康分野（医療・介護）で約45兆円の新規市場などなどが提起されたからです。

しかし、鳩山政権は、発足から1年もたたない2010年6月4日内閣を総辞職し、菅直人氏がその後を受けて総理に就任、民主党は社民党脱落のなかで、国民新党と連立を組んで政権を維持するのですが、いったいそこに何があったというのでしょうか。

それを解くカギは、鳩山首相の国連演説にありました。鳩山首相は、2009年9月24日、国連総会の演説で次のように言います。「第五は、東アジア共同体という挑戦です。今日、アジア太平洋地域に深くかかわらずして、日本が発展する道はありません。『開かれた地域主義』の原則にたちながら、この地域の安全保障上のリスクを減らし、経済的なダイナミズムを共有し合うことは、わが国にとってはもちろんのこと、地域にとっても国際社会にとっても大きな利益になるでしょう。これまで日本は、過去の誤った行動に起因する歴史的事情もあり、この地域で積極的役割を果たすことに躊躇がありました。新しい日本は、歴史を乗り越えてアジアの国々の『架け橋』となることを望んでいます。FTA（自由貿易）、金融、通貨、エネルギー、環境、災害救援など、――出来る分野から、協力し合えるパートナー同士が一歩一歩、協力を積み重ねることの延長線上に、東アジア共同体が姿を現すことを期待しています」。

この演説は、明らかに日本の政治経済路線の転換であり、アメリカ抜きでの東アジア共同体につながるものではないのか、アメリカにとってこの演説は許されざる演説だったということになるのでしょう。これ以降、オバマ政権の鳩山政権崩しが展開されることになりました。

この辺の事情を当事者であった鳩山元総理は、次のように述べています。「私は、クーデンホーフ・カレルギー伯が唱え、彼に啓発された私の祖父・鳩山一郎が日本に導入した友愛の理念こそ、戦争が未だ止まない現代の世界に最も必要な思想であると信じている。そして、友愛の理念の下に地域共同体を作ることが世界平和をもたらす現実的な道筋であると考えている。欧州ではそれが実現している。欧州で出来て東アジアで出来ない筈はない。そう信じて、私は政権交代の際に、その趣旨の論文を発表し、総理就任直後の国連総会でも東アジア共同体構想を述べた。

ところが、それが思わぬところで火を噴いた。アジア市場への進出を強く望んでいたオバマ政権にとって、鳩山はアメリカ外しの政策をとりそうだと映ったようだ。私の国連総会での演説を聴いた米政府高官は激怒したという。……私は普天間基地移設問題の責任を取って総理を辞任したが、米国にとっては、『最低でも県外』より『東アジア共同体構想』のほうが大きな懸念であったとする識者も多い。あるいはそうであったのかもしれない。そして、米国の意を斟酌《しんしゃく》した日本の外務省は、私が総理を辞任した後、全く東アジア共同体という言葉を使用することがなくなった。とても勿体ないことである」（鳩山友紀夫「沖縄を軍事の要石から平和の要石へ」進藤榮一・木村朗共編『沖縄自立と東アジア共同体』花伝社、２０１６年、49～50ジペー）。

戦後長らくアメリカの占領下にあった沖縄の人たちは、本土復帰後も島の多くが米軍基地に取られるという屈辱的な生活を強いられてきました。鳩山元総理自らが言うように、氏は、普天間基地移設問題の責任を取って、総理を辞任したというのですが、沖縄では、普天間基地の名護市辺野古沖への移転に反対する運動は、現在まで衰えることなく続いています。２０１４年12月14日投票の総選挙において沖縄では、普天間基地の名護市辺野古沖への移転に反対する「オール沖縄」候補が、全員勝利、自民党の全面的敗北となり、沖縄県知事には、同年、辺野古反対の翁長雄志氏を県民は選出しました。その後、２０１８年の県知事選挙でも、翁長知事の遺志をつぐ、玉城デニー氏が当選、２０２２年９月に、玉城デニー知事は、圧倒的多数で再選されたのです。

＊民主党の財界寄りへの変貌

さて、既述のように鳩山内閣は２０１０年６月４日総辞職、民主・国民新党の菅直人連立政権が発足することとなりました。社民党は、連立から離脱し、民主党のいわゆる市民派グループが党内で力を失うことは当然でした。あれほど沖縄普天間基地の国外、あるいは県外移転を主張し、マニフェストにも入れていたわけですから、アメリカとまともな交渉もせず、唯々諾々とアメリカの要求に従った民主党は、沖縄県民を裏切ったことになります。

よく知られていますように、鳩山政権を支えていたのは、小沢一郎氏でした。小鳩政権などと揶揄《やゆ》されたことに象徴されますように両氏の関係は密接でしたが、鳩山由紀夫氏の退陣と菅政権の誕生は、党内バランスを大きく変えていくことになります。菅直人氏は、かつて市川房枝氏のカバン持ちであり、一応市民派グループの一員とみなす人もいるようです。しかし、沖縄普天間基地移転問題でミソをつけた市民派が、民主党の主流派になれるはずはありません。そして、鳩山氏の失脚で力を落とした小沢氏に、政治とカネの問題が浮上します。

小沢氏は、岩手県は水沢の出身、江戸時代末期に開国問題で徳川幕府を批判し、蛮社の獄で牢につながれた蘭学者高野長英を尊敬する反骨精神豊かな庶民派感覚を持つユニークな政治家です。しかしながら、２０１１年1月31日、東京第五検察審議会の「起訴議決」を受けて検察官役に指定された弁護士は、小沢氏を政治資金規正法違反（虚偽記載）罪で東京地検に起訴するというところまでいってしまいました。

こうなるともはや、菅直人総理大臣をサポートするのは、前原外務大臣らの新自由主義グループだけということになります。民主党の新自由主義グループとは、まさに小泉構造「改革」路線の延長線上にある政策集団といっていいでしょう。財界と最もつながりの深い人たちでもあるのです。菅政権の発足は、新自由主義グループの支えのもとで行われたといっても過言ではありません。

それが何より証拠には、総辞職した鳩山政権の後を受けて政権についた菅首相の下で２０１０年6月18日、閣議決定された『新成長戦略――「強い経済」「強い財政」「強い社会保障」の実現』

は、その年の4月に経団連が作成した『豊かで活力のある国民生活をめざして〜経団連成長戦略2010〜』をそのまま引き写している代物だからです。『経団連の成長戦略』はおおよそ七つの分野から成り立ちます。⑴環境・エネルギー、⑵健康大国戦略、⑶アジア経済戦略、⑷観光立国・地域活性化戦略、⑸科学・技術立国戦略、⑹雇用・人材戦略、⑺成長を阻止する規制の改革、……です。経団連は、これをほぼそのまま、菅政権誕生後すぐの6月18日、新政権の『新成長戦略』に衣替えして閣議決定させることに成功するのです。

この戦略に民主党国会議員の総意が示されているわけではありません。経団連の『新成長戦略』が民主党のマニフェストと異なることは、見ればすぐわかります。菅首相は、6月11日の第174回通常国会の所信表明演説では、鳩山前総理大臣と同じく「東アジア共同体」を構想すると明言していたのです。したがって、菅首相は、この『新成長戦略』をきちんと点検することもなく、閣議決定してしまったとしか考えようがありません。

いずれにしても、菅政権の『新成長戦略』は、経団連の成長戦略とほぼ同じなのです。⑴グリーン・イノベーションによる環境・エネルギー大国戦略、⑵ライフ・イノベーションによる健康大国戦略、⑶アジア経済戦略、⑷観光立国・地域活性化戦略、⑸科学・技術・情報通信立国戦略、⑹雇用・人材戦略、⑺金融戦略、となり、経団連の成長戦略と⑴から⑹までほぼ同じ、最後の⑺が違うだけなのです。どこを探しても、あの「国民の生活が第一」を実現しようとする項目はありません。賃金上昇、・雇用の安定を図り、需要をマクロ的に上昇させ、この10年来日本経済が陥っているデフレを解消させるという戦略は見当たりません。いずれも企業活動の活発化を目指したもの、つまり大企業の国際競争力の維持・強化をするために法人税を引き下げ、規制改革をさらに進めて、大企業が競争で有利に展開できるような戦略ばかりなのです。税の直間比率の見直し、高齢化社会に向けた自助努力、そして消費税率の大幅アップなのです。

しかも、鳩山由紀夫前総理大臣が、国連で演説した「協力し合えるパートナー同士が一歩一歩、協力を積み重ねる延長線上に、東アジア共同体が姿を現すことを期待しています」などという対外政策は見当たらず、TPPからFTAAP（アジア太平洋自由貿易圏）という日米財界が考える多国籍企業活動の自由化を軸とする戦略が立てられているのです。

菅首相は、この日米財界が敷いた経済政策路線を走り始めます。それが、2010年10月1日の所信表明演説でした。TPPを「明治維新、第2次世界大戦での敗戦に次ぐ第三の開国の機会にする」とし、その年の11月9日の閣議において「アジア太平洋自由貿易圏（FTAAP）は、我が国と切れ目のないアジア太平洋地域を形成していく上で重要な構想であり、取り分け本年はAPEC議長として、同構想の実現に向けた道筋をつけるため強いリーダーシップを発揮することが必要である」「FTAAPに向けた道筋の中で唯一交渉が開始している環太平洋パートナーシップ（TPP）については、その情報収集を進めながら対応していく必要があり、国内の環境整備を早急に進めるとともに、関係国との協議を開始する」と決定したのです（「包括的経済連携に関する基本方針」平成22年11月9日閣議決定より）。こうして、菅首相は、公約違反のTPP

路線へまっしぐらに突き進むのですが、当然、民主党の内部から批判が続出します。

２０１１年2月には、ついに小沢派民主党16人の会派離脱の造反が起こり、菅直人政権は崖っぷち、いつ倒れてもおかしくない状況に追い込まれるのです。この事態に対して、前原外相グループの新人議員が「菅首相のクビと引き換えに予算関連法案を通すしかない」と言ったと報道されたことがありましたが、これはもうすでに菅直人政権が終わっていることを意味する以外の何物でもなかったのです（『朝日新聞』２０１１年2月18日付）。２０１１年3月11日東日本大震災の発生が、菅政権の少々の延命につながったことは事実ですが、菅政権崩壊によって、民主党内部の市民派グループの力はまさに表も裏も抹殺され、後は、新自由主義グループの天下になります。しかし、それでは、あの政権交代はなんだったのでしょうか。「国民の生活が第一」という民主党のキャッチ・フレーズは、どこに行ってしまったのでしょうか。

菅直人政権が小沢派の造反などでよろよろとなり、3・11東日本大震災の対応に追われているうち、民主党政権は、ほぼ前原氏らの新自由主義グループに主導権を奪われ、２０１１年9月2日には、野田佳彦政権が誕生します。案の定、野田総理大臣は、11月11日、ＡＰＥＣハワイ会談で、多くの国民の反対にもかかわらず、ＴＰＰ（環太平洋経済連携協定）について、「ＴＰＰ交渉参加に向けて関係国との協議に入る」と決めてしまいます。また、２０１２年1月6日、社会保障改革本部を開催し、消費税率を２０１４年4月1日に8％、15年の10月には10％に引き上げることを柱とする「社会保障と税の一体改革」の素案を正式に決定し、野田内閣は、3月30日消費税増税法案を衆議院に提出します。その後、民主党、自民党、公明党三党による修正協議が行われ、２０１２年6月21日には、三党合意によって、消費税増税法案は、6月26日衆議院通過、8月10日には参議院を通過し成立します。野田民主党政権は、自民党顔負けの財界寄りの政治姿勢なのですが、かつて、消費税が3％から5％に引き上げられる時も増税を決定したのは、自民党ではありません。あのトンちゃんこと社会党党首村山富市氏が自民党と連立を組んで95年度の予算編成時に97年度から2％引き上げ5％にすることを内定したのです。そして、消費税増税を決まったものとして実施するのは、きまって自民党なのです。

5％への引き上げを実施したのは、橋本龍太郎氏でしたが、案の定景気は落ち込み、おまけに97年11月の北海道拓殖銀行の破綻、山一證券の自主廃業と金融危機の連続ですから、既述のように98年7月の参議院選挙で自民党大惨敗ということになりました。今回も、決定の音頭をとったのはやはり自民党ではなく民主党でした。そしてやはり、増税を実施したのは安倍晋三自民党政権だったのです。

リーマン・ショックを経て政権交代した民主党は、鳩山、菅、野田の三人の首相の交代を経て、橋本・小泉構造「改革」路線に逆戻りし、庶民いじめの経済政策へと変貌してしまったのでした。そうした事態は、消費税増税の旗振りを行い、２０１２年6月の三党合意で主導権を発揮した野田政権の政治姿勢に明確に表れていましたが、この庶民いじめ「国民の生活が第一」から「財界の生活が第一」への経済政策の変貌は、三党合意によって行われましたから、自民党も公明党も同罪のはずです。２０１２年12月の総選挙では、しかし、民主党の惨敗は、理解できるとして、自民党の大勝利、公明党もその尻にくっついて、安倍自公政権が成立することになったのですが、それはなぜだったのでしょうか。その辺の事情は、章を改めてお話しすることとしましょう。

２　アメリカの政権交代と経済政策

＊オバマ政権の誕生と巨大金融機関の救済
——なぜ格差が拡大したのか

２００８年11月４日、アメリカ大統領選挙が行われました。アメリカ国民は、この選挙で「変革の時が来た」と訴える、黒人大統領候補、民主党のバラク・オバマ上院議員（47歳）を選出しました。ブッシュ政権下の与党共和党は、ベトナム戦争で捕虜になった経験を持つ、著名な上院議員、ジョン・マケインを立てて選挙戦に臨みましたが惜しくも敗北しました。アメリカ国民は、共和党ブッシュ大統領の後継、マケインを選出せず、若き黒人大統領に未来を託したのです。

当時、２００７年末から始まった景気の落ち込みは、２００８年９月15日には、アメリカの投資銀行４番手のリーマン・ブラザーズの破綻を引き起こし、失業率は６・５％に上昇、10代のアメリカ人の失業率は20・6％にも上るという、深刻な事態のなかでの選挙終盤だったのです。オバマ候補は、ブッシュ政権の大企業優遇・金持ち減税政策を批判し、金融の規制強化とともに子ども限定の皆保険制度の確立など、アメリカ国民の生活重視の公約を掲げての勝利でした。

しかし、オバマ政権の初期の際立った経済政策の特徴は、世界金融危機対策ということで、徹底したウォール・ストリート救済作戦を実施したことにありました。これが、アメリカ社会に急激な格差構造を生み出し、２０１６年11月の大統領選で、既成政治家批判を前面に押し出した、ドナルド・トランプ共和党大統領誕生の一つの要因となったことは忘れてはなりません。

オバマ大統領は、アメリカに金融覇権を確立した8年前のクリントン政権期の経済政策担当者を政権の中心に置いたのです。世界金融危機真っただ中の２００９年1月20日、オバマ大統領は、ローレンス・サマーズを国家経済会議議長に据えました。サマーズは、クリントン政権期後半の１９９５年以降、副財務長官を務めた後、１９９９年7月に第71代財務長官に就任した人物です。クリントン政権後半期の日本では、橋本龍太郎政権期に当たり、橋本「改革」が、クリントン政権の圧力のもと行われたことは本書で詳述した通りです。アメリカでは、１９９９年にニューディール期の金融規制法であるグラス・スティーガル銀行法が完全に撤廃され、グラム・リーチ・ブライリー法が成立しました。サマーズは、財務長官退任後、ハーバード大学学長を務めたのですが、「女性が統計的にみて数学と科学の最高レベルでの研究に適していない」などとする女性蔑視発言がもとになって２００５年、学長を辞任していました。

サマーズは、オバマ大統領の要請で、2010年末まで国家経済会議議長を務めました。「コストの観点から世界銀行は、公害企業を開発途上国にもっと移転すべきだ」という発言にもみられるように、彼は、不遜な新自由主義者であり、自由貿易とグローバリゼーションの熱心な信奉者なのです。

オバマ大統領は、そのサマーズの下で働いたことのあるティモシー・フランツ・ガイトナーを2009年1月、第75代財務長官に任命しました。当時ガイトナーは、ニューヨーク連邦準備銀行総裁の地位にありました。

こうしたオバマ政権の人事を見ますと、明らかに大手金融機関の救済を狙ったことがわかります。彼らはしかし、それは、金融システムの安定化政策なのであり、金融機関を救済することが目的ではなかったというのですが、実際は、ブッシュ政権において金融救済策を策定した、ゴールドマン・サックス出身のポールソン財務長官の敷いた路線を走り始めたといっていいでしょう。総額7000億ドルにも及ぶ「緊急経済安定化法」に基づく「不良債権救済措置」(TARP: Troubled Asset Relief Program) は、すでにブッシュ前政権によって成立していました。ブッシュ大統領は、オバマ次期大統領の強い要請で、新政権誕生前の2009年1月12日、TARP資金、7000億ドルの残り半分3500億ドルの拠出計画を議会に提出し、議会は、新議会が成立する前のレームダック・セッションではあったのですが、それを承認したのです。この膨大な公的資金導入によって、危機を脱出した大手金融機関は、もう2009年中頃には公的資金の返済が認められ、その最高経営責任者（ＣＥＯ）たちの報酬は、いち早くリーマン・ショック前の水準に戻ったのです。証券市場の急速な立ち直りによって、大手金融機関は、金融危機前に比べてもより大きな収益を上げているという状況となりました。

こうした、金融措置と同時に、連邦準備制度理事会（ＦＲＢ：Federal Reserve Board）は、金融政策の面からも金融機関に手厚い救済措置を実施しました。それは、フェデラル・ファンド・レート（ＦＦレート）の操作という伝統的な金利政策が効力を発揮しないとみたＦＲＢが、金融緩和を一歩進めて、非伝統的な手段によって金融機関への資金（ハイパワードマネーまたベース・マネーともいいます）供給を行ったことを意味しました。それは、連邦準備銀行と直接取引する金融機関へ直接資金を供給することでした。

これはすでにブッシュ政権下の２００８年、リーマン・ショックが起こる前から導入されていたものでした。ＦＦレート金利目標値が、２００８年12月にはゼロまで下がり、伝統的な手段による資金供給を困難とみたＦＲＢが、大規模な資産買い取り作戦に取りかかったのです。長期金利引き下げのためと称して、２００９年３月、ＦＲＢは長期財務省証券を最大３０００億ドルまで買い入れる計画を発表したのでした。

このＦＲＢの非伝統的な政策によって、連邦準備銀行のバランスシートの資産規模は、**図２**にみられるように大幅に増加しました。連邦準備制度の保有資産は、２００８年１月から12月の１年で、１兆ドルをきる資産規模が、２兆ドルを超える規模に急増していることがわかりますが、さらにその後、保有資産は増加し続け、２０２０年３月からの新型コロナ感染症対策としてとられたＦＲＢの資産買い取り作戦によって、その規模は９兆ドルに達しようという水準にあることがわかります。

　オバマ政権のこうした金融救済政策について、２０１０年大統領経済諮問委員会報告は、次のように言っています。「金融システムが機能不全に陥ると、個人や企業は信用供与を受けられず、需要と生産は激減し、雇用喪失は急増する。したがって、実体経済を回復させる最も重要な措置は、金融システムを回復させることである。金融機関を彼らの過ちの罰として苦境におとしいれる選択肢は、信用崩壊をもたらし、何百万人ものアメリカ人にもっと大きな苦痛を与えざるをえなくなってしまう」（『２０１０

図２　連邦準備制度のバランス・シートの構成、2006-2021 年

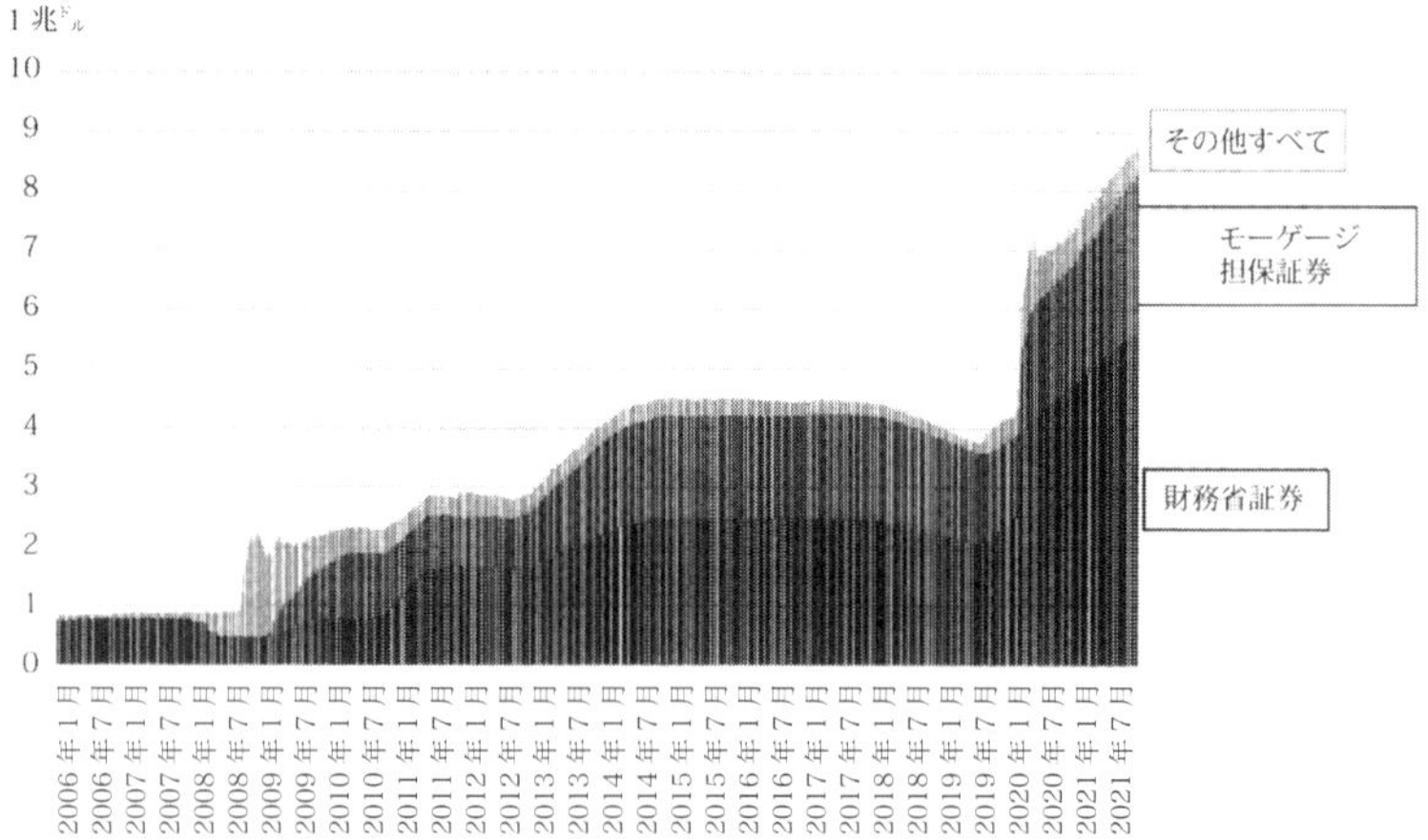

注：連結消去分を除く。
出所：Federal Reserve Bank of Saint Louis.

米国経済白書』エコノミスト臨時増刊、2010年5月24日、毎日新聞社、63ジペー)。

確かにオバマ政権による、緊急金融救済政策は、功を奏したといえるでしょう。しかし、実体経済はどうだったのでしょうか。2009年12月はいつもの暮れとは様相が異なりました。クリスマスの12月は、アメリカ人にとってショッピングの季節です。11月の感謝祭が終わりますと、アメリカの街は華やかにイルミネーションが輝き様変わりするのですが、この年の12月ばかりはそうはいきませんでした。アメリカ人の財布のひもは固く、個人消費の急増は望むべくもありません。金融的に不安を感じる人が多く、買い物の季節であるクリスマスを迎えてもクレジットカードに支払いを頼る人は限られていました。

政府の公式統計は、アメリカのプラス成長を強調し、オバマ政権の経済政策担当者たちは、大恐慌以来だとか100年に一度だとかいわれる経済危機は、「大リセッション」(Great Recession:大きな景気後退)に終わったと主張していました。けれども、一般庶民にはその実感がありません。2009年11月の失業率は、10月に比べると若干下がったのですが、それでも10%を切ることはありません。経済成長率は確かにプラスに転じはしたのですが、失業者の数は、容易に減少はしませんでした。失業者数は、2009年1月に1198万4000人を記録した後、増加を続け、年末には1521万2000人となり、2010年中、1500万人近くから減少することはありませんでした。

アメリカ経済における格差と不平等は、オバマ政権下で、ブッシュ政権時代以上に深刻なことなりました。しかも、２００９年2月に制定された、「アメリカ復興及び再投資法」は、オバマ政権の経済危機対策の基本を示すものでしたが、財政支出の急激な増加を伴い、連邦財政赤字の膨大化が２００９年から２０１０年にかけて引き起こされます。

２０１０年11月には、中間選挙が控えていました。当時上下両院は、民主党が多数を握っていましたが、このオバマ政権の弱点につけ込んだのが、共和党右派、極端な新自由主義者であり、アメリカ有数の富豪であるコーク兄弟でした。かれらは、莫大な資金をつぎ込んで「ティー・パーティー運動」を創り出していきます。財政支出の削減と小さな政府論を主張するこの運動は、反オバマ、反民主党の大きな運動となり、11月の中間選挙では、上院の民主党多数は維持できましたが、下院は、ティー・パーティー運動に支援された共和党議員が多く当選し、共和党が多数を占めることになったのです。

２００1年、２００３年に制定された、所得の多い少ないにかかわらず一律減税を行う富裕者優遇のブッシュ減税法が、２０１０年末に期限切れを迎えることになっていました。オバマ大統領の不運は、２０１０年11月の中間選挙で、野党共和党が下院で多数を占めてしまったことでした。しかも、極端な財政均衡論者、小さな政府論を金科玉条のごとく振りかざす「ティー・パーティー運動」に支えられた議員がかなりの数を占めていたのです。オバマ大統領は、富裕者優遇の一律所得税減税法の2年延長をぜひとも防ぎたい気持ちがありましたが、下院で多数を占める共和党がそれに納得せず、付帯条項を付けた「２０１０年税軽減・失業保険再認可及び雇用創出法」として、2010年12月に議会を通過させました。オバマ大統領は、共和党右派に妥協し、不本意ながらも2001年、2003年のブッシュ減税を踏襲し、富裕層も含めてすべての国民に減税を2年間延長したのです。

オバマ大統領にとって2期目を狙う大統領選が、2012年に迫っていました。それに勝利するには、2009年2月に成立した「アメリカ復興及び再投資法」(ARRA：American Recovery and Reinvestment Act)に次ぐ、第2弾の政策が必要です。ARRAは、基本的に2年で終了する危機対策であったからです。総額4470億ドルに及ぶ「アメリカ雇用対策法」が、その第2弾の政策であり、大統領は議会に出かけてその成立を促します。しかし、「ティー・パーティー派」に乗っ取られたアメリカ議会の反応は冷たく、成立は困難となります。

ところで、こうした「ティー・パーティー派」による理不尽な「オバマいじめ」に対して、アメリカの青年たちが、「ウォール街を占拠せよ」(Occupy Wall Street)として、立ち上がったことは、アメリカの政治史を大きく変える運動につながったという意味で画期的なことでした。この運動は、2011年9月17日、「ウォール街を占拠せよ」をスローガンに若者を中心として1000人ほどの人々がズコッティ公園で集会を行うことからはじまりました。かれらは、ウォール街を行進し、また路上に座り込み、19日までに7人が逮捕されました。「政府による金融機関救済への批判」「金融規制の強化」を訴える運動がこれをきっかけにアメリカ全土で繰り広げられることになりました。オバマ大統領は、この運動に理解を示し、自身が取り組んだ金融規制をアピールしました。

２０１２年11月の大統領選挙は、現職のオバマ大統領が、「ティー・パーティー運動」を陰で操るコーク兄弟に全面的に資金援助された共和党ミット・ロムニー候補にかろうじて勝利し、２期目を勝ち取りますが、同時に行われた議会選挙で、下院は依然共和党多数でオバマ政権の中間層への手厚い保護政策は、なかなか通りません。２０１４年11月の中間選挙では、与党民主党は上下両院とも少数派となり、オバマ政権の目指した『中間層重視の経済政策』は、道半ばということで終了したのでした。

＊オバマ政権の対外経済政策
――鳩山政権を崩壊させ、トランプ大統領誕生の契機となるＴＰＰ参加路線

オバマ大統領は、ブッシュ政権によって敷かれた「環太平洋経済連携協定」（ＴＰＰ：Trans-Pacific Partnership Agreement）参加路線に最初から乗っていたわけではありません。２００８年大統領選に臨んだオバマ民主党候補は、ブッシュ政権の新自由主義経済政策に対抗して、政府の機能をフルに活用した新しい経済政策を対置したからでした。

貿易政策では、投資と貿易の自由化によるアメリカ多国籍企業の利益を優先したアメリカ、カナダ、メキシコ間の「北米自由貿易協定」（ＮＡＦＴＡ：North American Free Trade

Agreement）について再交渉を主張しており、そこでは投資家の特権は制限されるべきであり、労働者の権利や環境保護こそ、通商政策の重要な課題であるといっていました。オバマは、NAFTAについては、アメリカ多国籍企業のメキシコ進出によってアメリカ社会に悪い影響を与えたのみならず、メキシコの農業システムを破壊し、多くの失業者をつくりだしたと批判していました。経済的観点からみると、メキシコにおいて非効率的システムに代わる、アメリカ企業による効率的システムが形成されたかもしれないが、実際上は、そうしたことで数百万人ものメキシコ人が職を奪われ、彼らの多くがアメリカを目指し、不法移民問題を引き起こしているとするものでした。

アメリカのＴＰＰ交渉参加は、ブッシュ政権の時でした。その交渉の第一ラウンドが、２００９年3月のシンガポールで予定されていました。本来ならば、アメリカは率先してその交渉に臨むはずでしたが、２００９年1月に誕生したオバマ大統領は、新政権の貿易政策についてレビューができるようにと、ＴＰＰ交渉参加へ、その無期限の延長を要請しました。議会の指導的な民主党議員たちは、オバマ大統領に対して、提案されたＴＰＰに反対の表明をしました。ブッシュ大統領が、新大統領を罠にはめようとしたと非難し、新政権のＴＰＰ参加を牽制したのです。

しかし、２００９年11月23日、オバマ大統領は、東京においてアメリカのＴＰＰ交渉参加を政権として正式に表明しました。「アメリカは、広範囲にわたる締約国が参加し、21世紀の通商協定にふさわしい高い水準を備えた地域合意を形成するという目標をもって、ＴＰＰ諸国と関与していく」としました。

２０１０年2月に発表された「大統領経済報告」においても、ＴＰＰの重要性は次のように指摘されています。「世界の貿易体制を改善するわが国の政権措置の一例は、新しい地域協定（ＴＰＰ）に太平洋地域の貿易国を加えようとする方法にみられる。それは、経済全体、労働者、中小企業、農業経営者に有利な方法で貿易を拡大するような高い規範をもつ協定となり、アメリカの価値観と一致するだろう」（『２０１０米国経済白書』エコノミスト臨時増刊、毎日新聞社、２０１０年5月24日号、２５２ページ）。

しかしなぜ、ＴＰＰに懐疑的だったオバマ大統領が、積極的にその推進に力を入れ始めたのでしょうか。それは本書ですでに述べましたように、日本の鳩山首相が、２００９年9月24日、国連で演説した「東アジア共同体構想」にあったことは、明らかでした。オバマ政権がＴＰＰ交渉に参加を表明したのは、中国を基軸とする「東アジア共同体」形成が懸念され、それに日本が参加することへの牽制であったといえるでしょう。２０１５年10月ＴＰＰは、「大筋合意」をみました。「大筋合意」したＴＰＰ協定に署名する意向を11月5日に明らかにしたオバマ大統領の言葉が、それをよく表しています。「もし協定が承認できなければ、中国のような国がルールを書くことになる。アメリカの雇用や労働者を脅かし、アメリカの世界の指導力を弱めるだけだ」（『朝日新聞』２０１５年11月7日付）。

アジアは経済成長著しい地域なのです。２００８〜09年世界経済危機においても、中国、インドなどは、工業生産を低下させず、そのまま危機後の上昇に向かっていることは、**図3**がよく示しています。アジア域内の相互の貿易も対米貿易額を超えるまでになり、しかも、中国の人民元の地位向上や「アジア共通通貨」（ＡＣＵ）構想などが出てきますと、アメリカは安穏としてはいられないのです。

今や、世界経済の成長の基軸は、東アジアにシフトしたのであり、アメリカの政治経済路線も東アジア重視でなければなりません。この東アジア重視のアメリカの戦略を「リバランス戦略」といいますが、かつてブッシュ政権が石油の利害から中東重視の政治経済路線をとり続けたのとは大きな違いでした。

図３　新興経済国における工業生産

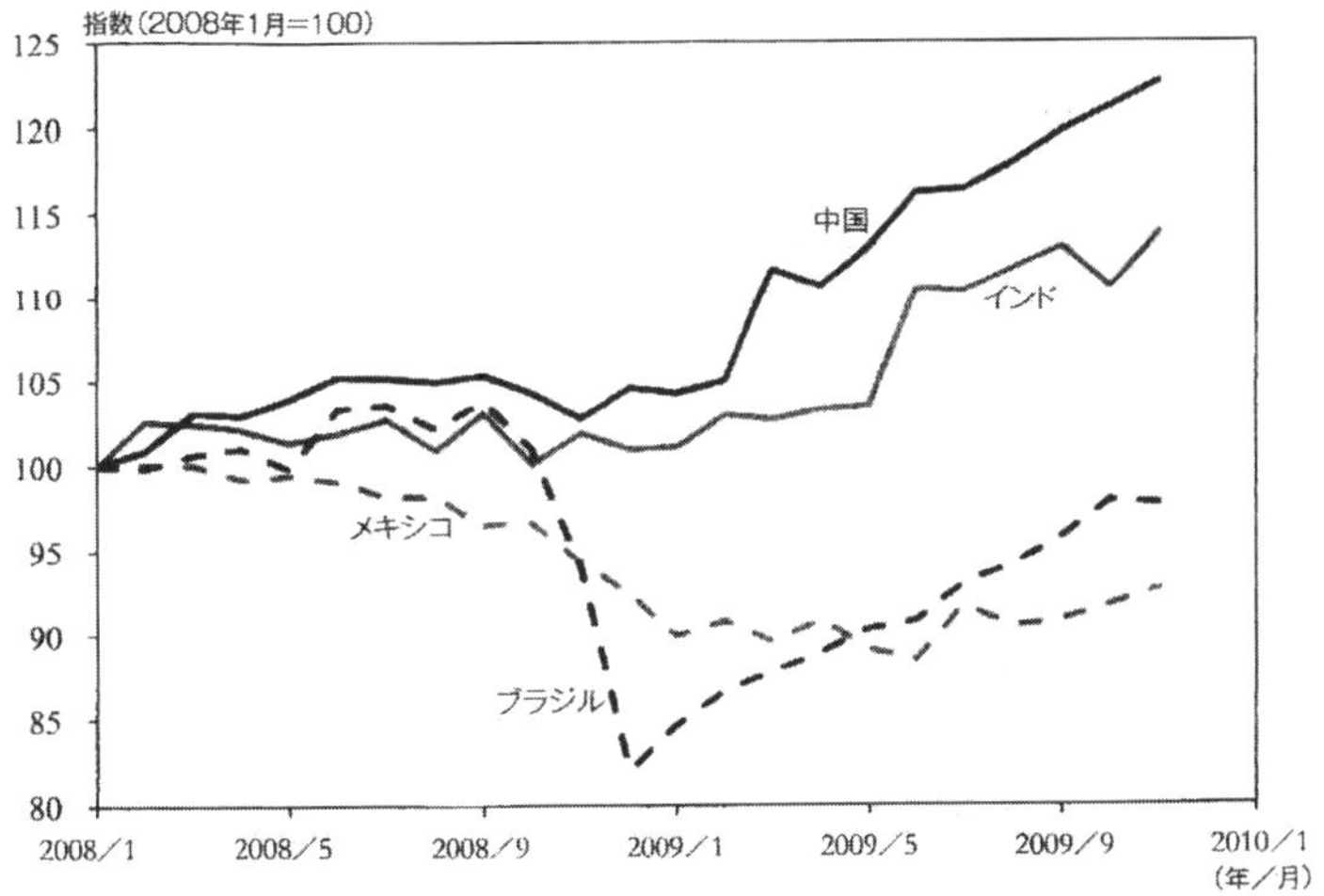

（出所）各国情報源

ところで、ＴＰＰに関しては、アメリカの全国的労働組織（ＡＦＬ—ＣＩＯ）が反対の立場を鮮明にしたのは、１９９４年北米自由貿易協定によって、雇用が奪われ、１９９０年代後半、ＩＴ革命（情報通信革命）による景気拡大によっても労働賃金が上昇することがなかった苦い経験を踏まえてのことでした。ドナルド・トランプがこうしたオバマ政権の弱点を突き、２０１６年の大統領選挙で、民主党から大統領候補になったヒラリー・クリントンを批判し、ＴＰＰ断固反対を主張し、ラストベルト（錆びついた地帯）の白人下層労働者の票を集め勝利したのは、まことにうまいやり方だといわざるを得ないでしょう。

III

新自由主義経済政策の復権はなぜ起こったのか

1　アベノミクスは、日本社会に何をもたらしたのか

＊ＴＰＰと自民党の巧妙な総選挙戦略

世界経済危機が起こり、新自由主義的経済政策の破綻が明らかになり、日米とも従来の政権から政権交代が起こりましたが、新自由主義を推進する勢力は、簡単には歴史上から退場するわけではありません。なぜなら、ケインズ主義も同様でしたが、経済政策は、その基盤があって展開されるものですから、多国籍企業と金融覇権にその基盤を有する新自由主義勢力は、虎視眈々《こしたんたん》と、その復権を狙っていたのです。これは、日米とも同じですが、この復権に、ＴＰＰが絡んでいたことは、ここで指摘しなければならない重要な事実なのです。

日本では民主党野田政権、アメリカでは、民主党オバマ政権ですが、いずれもＴＰＰ参加を表明したことで、多くの国民から批判され、日本では、民主党から自民党への政権復帰が起こり、アメリカでは、オバマ大統領の後継として、２０１６年大統領選に出馬した、ヒラリー・クリントンが、扇動家ドナルド・トランプに敗れるというハプニングが起こりました。

ＴＰＰとはどういう貿易協定なのでしょうか？　一言でいえば、ＴＰＰは、米日財界が画策す

る新自由主義的改革を国際的に進める地域的貿易協定なのです（TPPについての詳細は、拙著『TPP　第3の構造改革』かもがわ出版、2011年、同じく拙著『TPP　アメリカ発第3の構造改革』かもがわ出版、2013年を参照のこと）。具体的にはどういう意味なのか。ここで少々詳しく見ておくことにしましょう。

TPP協定の基本的な考えは、アジア太平洋において水準の高い自由貿易を目指すことなのです。アメリカとオーストラリア、またアメリカと韓国というように2国間での自由貿易協定は、現在世界にたくさんありますが、TPPにおける貿易では、基本的に関税はゼロですし、したがって、今までの2国間での自由貿易協定（FTA）をはるかに超えた水準の高い自由化が目標となります。しかも、TPPは、FTAの基本的な構成要素である、物品・サービスの市場アクセスのみではなく、非関税分野（投資、競争、知的財産権、政府調達など）のルールづくりのほか、新しい分野（環境、労働など）を含む包括的協定なのです。

かつて、世界の貿易は、GATTという協定によってルールづくりが行われてきました。これは、本書ですでに述べましたように、ケインズ的国際経済システムを意味し、資本集約的なアメリカの輸出産業が主導しましたから、工業製品の貿易自由化が主たる目的で、繊維や農業は、自由化の対象から外されましたし、サービス貿易という概念もありませんでした。しかし、企業が多国籍化し、金融・保険などのサービス貿易が先進国経済にとって重要になってくるとおのずと貿易ルールの多様化が求められるようになります。こうして、1995年に世界貿易機関（WT

O）ができたのですが、WTO下の多国間交渉ではなかなか多国籍企業本位の成果をあげることが困難で、先進国経済を牛耳る彼らや金融機関は、地域的な交渉でその利益を追求しようと地域での自由貿易協定に力を注ぐことになったのでした。環太平洋において取り組まれたのがTPPだったということになります。

さてこうした性格をもつTPP交渉に日本の民主党政権は、前のめりで突き進みます。予想されたとはいえ、菅首相の後継、野田首相が、2011年11月11日APECのハワイ会談で、農業者をはじめ多くの国民の反対の声を無視して、TPP交渉参加を打ち出したことはすでに述べましたが、こうした民主党に対して、自民党は巧妙にも「聖域なき関税撤廃のTPP参加に反対する」と公約を掲げ、2012年12月に行われた総選挙に臨んだのです。また自民党はTPPに関するそのほかに政権公約として、第一に、自由貿易の理念に反する自動車などの工業製品の数値目標は受け入れない。第二に、国民皆保険制度は守る。第三に、食の安全安心の基準を守る。第四に、国の主権を損なうようなISD（投資対国家紛争）条項は合意しない。第五に、政府調達・金融サービスなどは我が国の特性を踏まえる等、5項目を付け加え、総選挙に臨みました。これら合計で6つの項目は、常識的に考えて、どこからみても「自民党は、民主党と違って、TPPへの日本の参加には反対なのだなー」という印象を選挙民に与えたのです。事実、200人を超える自民党公認の衆議院議員が「TPP参加反対」を公約に掲げて当選し、民主党は惨敗、自民党の大勝利の下、公明党も自民党の尻にくっついて、安倍自公政権が成立します。

＊第２次安倍晋三内閣の誕生とアベノミクス

総選挙で勝利した安倍自民党総裁は、第２次安倍内閣を発足させ、２０１２年12月26日の記者会見において、翌年７月の参議院選挙勝利をターゲットに、新たな経済政策「アベノミクス」を国民に提示します。安倍首相は、「内閣の総力をあげて、大胆な金融政策、機動的な財政政策、民間投資を喚起する成長戦略、この３本の矢で経済政策を力強く進めて結果を出してまいります」と述べ、２０１３年年明け早々の１月７日には、内閣に「日本経済再生本部」を設置します。さらに、その翌々日の９日には、財界から２人のメンバーを加えて「経済財政諮問会議」を開きます。また、８日の「再生本部」で「産業競争力会議」の設置を正式に決め、その初会合が23日に行われます。

こうした矢継ぎ早な経済政策の決定は、前述のように、２０１３年７月の参議院選挙の勝利を確実にしたいとする短期戦略に基づくものでした。７月21日に行われた選挙の結果は、自民党・公明党の圧勝、民主党は惨敗、日本共産党は前進しましたが、自民党は公明党と合わせ参議院でも過半数を獲得し、議会の「ねじれ」解消にまんまと成功したのです。その意味では、「アベノミクスは、大成功だった」といえるでしょう。しかし、それはどのようにして可能だったのでしょうか。

第2次安倍政権の短期の経済政策は、アベノミクスの3本の矢のうち大胆な金融政策と機動的な財政政策という2本の矢なのですが、それは緊急経済政策として2013年1月11日の閣議で決定されます。

機動的な財政政策は、国土強靭化法などに基づく13兆円の補正予算を組んで実施しますから、大型公共事業のバラマキといわれるゆえんですが、大胆な金融政策は、政府が独断で出来るものではありません。日本の金融政策は、言うまでもなく日本銀行が執り行いますから、日本銀行との政策協調が必要とされます。日本銀行の政策決定は、政策委員会・金融政策決定会合によって、行われます。日銀法第3条によりますと、「日本銀行の通貨及び金融調節の自主性は、尊重されなければならない」とありますから、政府が圧力をかけて思いのままに牛耳ることはできないはずなのです。しかし、この時、安倍政権からの圧力に抗しきれず、日銀は、1月22日安倍首相の意向を尊重して、3点にわたる重大決定を行います。

第一は、物価安定目標の導入です。「従来は、『中長期的な物価安定の目標』として、『消費者物価の前年比上昇率で2%以下のプラス成長の領域、当面は1%を目途』としていました。今回、『目途』から『目標』という表現に代えたうえで、その目標を消費者物価の前年比上昇率で2%とした」のでした。

第二は、期限を定めない資産買い入れ方式の導入でした。「日本銀行は、上記の物価安定の実現をめざし、実質的なゼロ金利政策と金融資産の買い入れ等の措置を、それぞれ必要と判断される時点まで継続することを通じて、強力に金融緩和を推進する。その際、資産買い入れ等の基金の運営について、現行方式での買い入れが完了した後、２０１４年初めから、期限を定めず毎月一定額の金融資産を買い入れる方式を導入し、当分の間、毎月、長期国債2兆円程度を含む13兆円程度の金融資産の買い入れを行う。これにより、基金の残高は２０１４年中に10兆円程度増加し、それ以降残高は維持されると見込まれる」としました。

そして、第三が、政府と日本銀行の共同声明でしたが、日本銀行の確認事項としては、「日本銀行は、今後、日本経済の競争力と成長力の強化に向けた幅広い主体の取り組みの進展に伴い持続可能な物価の安定と整合的な物価上昇率が高まっていくと認識している。この認識に立って、日本銀行は、物価安定の目標を消費者物価の前年比上昇率で2％とする。

日本銀行は、上記の物価安定の目標の下、金融緩和を推進し、これをできるだけ早期に実現することを目指す。その際、日本銀行は、金融政策の効果波及には相応の時間を要することを踏まえ、金融面での不均衡の蓄積〈たとえばバブルの萌芽の蓄積〉を含めたリスク要因を点検し、経済の持続的な成長を確保する観点から、問題が生じていないかどうかを確認していく」とします。

また政府確認事項としては、「政府は、我が国経済の再生のため、機動的なマクロ経済政策運営に努めるとともに、日本経済再生本部の下、革新的研究開発への集中投入、イノベーション基盤の強化、大胆な規制・制度改革、税制の活用などの思い切った政策を総動員し、経済構造の変革を図るなど、日本経済の競争力と成長力の強化に向けた取り組みを具体化し、これを強力に推進する。

また、政府は、日本銀行との連携強化にあたり、財政運営に対する信認を確保する観点から、持続可能な財政構造を確立するための取組を着実に推進する」としました（建部正義著『21世紀型世界経済危機と金融政策』新日本出版社、２０１３年、１７２〜１７３ぺ）。

日本銀行総裁は、当時白川方明氏でした。白川氏は、日本銀行が消費者物価上昇率を目標とすることに反対でした。目標としますと、それが達成されるまで日本銀行は、資産買い入れを継続しなければなりません。１９９９年以来中断をはさみながら、日本銀行は、資金を市中の商業銀行にどんどん注入する政策を続けてきたのです。しかし、景気が回復し、デフレを脱却できるという状況にはありませんでした。

白川氏自身、こうした政策でデフレを解消できるとは思っていなかったというのが真相でしょう。白川氏は、すでに２０１２年2月17日、金融の追加的緩和政策の決定後、次のように強調したそうです。「わが国の企業経営者の皆さんに直面する経営上の問題を聞いてみても、手元流動性が不足しているという声はほとんど聞かれません。仕事の量あるいは需要そのものが不足していることを訴える方が多いのが実情です」（山田俊英『しんぶん赤旗』２０１２年2月29日付より）。

つまり、いくら日本銀行が金融緩和政策をとって、資金を市中の商業銀行に回したとしても実需が伴わなければ経済活動は活発化しないという自明の真理を日本銀行の総裁として述べたということなのです。

白川氏の総裁としての任期は、２０１３年4月8日まででした。けれども、氏は、2月5日に前倒しで辞任することを表明し、3月19日、2名の副総裁と同時に辞任することになりました。後任には、安倍晋三総理大臣の考えに沿える人ということで、黒田東彦アジア開発銀行総裁が選任されたことはよく知られた事実です。

＊「異次元の金融緩和政策」と「緊急経済対策」

黒田氏は、3月21日に日銀総裁に就任します。そして、4月4日の政策決定会合で、あの「異次元の金融緩和政策」を発表します。まず、この金融政策の目標は、2年間で消費者物価上昇率2%を達成することでした。また、第二に期限を定めず、日銀による資産買い入れを実行することでした。

ここであえて「異次元の金融緩和政策」といった意味が明らかになるのですが、それは、従来日銀がやってこなかった、長期国債をも買い入れの対象とし、国債購入量を日本銀行券発行残高の枠内に収めることを中止し、目標が達成できるまで買い続けるというものでした。

具体的には、マネタリーベース（H：銀行以外の民間が所有する現金通貨＋金融機関の日銀預け金）を年間70兆円増加させ、12年末１３１兆円を13年末までに２００兆円とし、14年末には２７０兆円にすると表明しました。国債買い入れ額は、12年末まで89兆円、13年末には１４０兆円、14年末までには190兆円にするというものです。

このアベノミクスの金融政策は、まぎれもなく標準的なマネタリストの貨幣数量説に基づくもので、外生的貨幣供給説ともいわれるものです。この理論によりますと、中央銀行は、マネタリーベース（H）を管理し、要求払い預金や銀行融資の量を効果的に制御できるのです。つまり、中央銀行が設定するマネタリーベース量が銀行の預金準備率の違いから変化する貨幣乗数の働き（貨幣乗数は、預金準備率が小さければ小さいほど大きくなります）によってマネーストック量（M：銀行以外の民間が所有する現金通貨＋企業・家計の市中銀行預金のことで、マネーサプライすなわち貨幣供給量ともいう）を決定するという考えですから、日銀が金融機関にマネタリーベースを供給し続けますと、貨幣乗数の働きでマネーストック量が増加します。マネーストック量が増えますと貨幣の流通速度が上昇し、また、流通に投げ込まれる物量がそれらを相殺するほどに増えなければ、物価が上昇するという理屈です。

しかし、現実社会では、そういう理屈で物価は上昇しません。中央銀行が、金融機関にマネタリーベースを供給し続けても、実体経済が貨幣を必要としなければ、いくら金融機関が実体経済に貨幣を供給しようとしても実体経済に貨幣が供給されることはありません。水を十分に飲み、それを必要としない馬に水を飲ませようとして、豊富に水がある水辺に連れて行っても、馬が水を飲もうとしないのと似ています。白川総裁が言ったように、企業側の資金繰りがよければ、銀行が企業に資金をいくら供給しようとしても企業は銀行からお金を借りようとはしないということなのです。

それでは、実際の物価やマネーストック量はどのようにして決まるのでしょうか。実体経済の取引量（Q）は、有効需要の創出や様々な事情によって増大したり、減少したりします。また、物価（P）は、商品市場の需給関係、製造コスト、為替相場などにより動きます。もし、実体経済の全体の取引額（P×Q）が増大した場合、貨幣の流通速度（金回りの速さV）がその増大を相殺するほど増加しなければ必要なマネーストック（M）が増大します。M=(P×Q)/Vですから、実体経済における取引額と貨幣の流通速度によって必要なマネーストック量は決定され、そのマネーストック（M）の動きによってマネタリーベース（H）が決定されるということが事の真実であり、マネタリストの主張とは真逆の関係が本当に起こる事態なのです。実体経済側からの資金需要が旺盛になれば、Mが増加し、銀行は中央銀行に資金供給を要求します。もし中央銀行がそれに応じなければ、金利が急騰することになるでしょう。

したがって、「異次元の金融緩和政策」によって、実際に起こったことは、経済活動の活発化とともにGDPが名目・実質ともに大きく上昇したということではなく、金融緩和によるインフレ期待からなる、株価の急騰と円安傾向の定着だったのです。本書ですでに述べましたように、リーマン・ショック以降、円高の定着による日本の多国籍企業・輸出大企業への為替差損の発生があったことを考えますと、この円安は、多国籍企業・輸出大企業に膨大な為替差益を発生させ、こうした企業を軸とする株式価格の急騰が起こったことは特筆されていいでしょう。

しかし、内需に依存する中小企業などでは、円安による輸入物価の上昇によって逆に経営難が引き起こされましたし、石油価格などの輸入物価の上昇は、消費者にとっても大きな痛手となりました。２０１２年９月24日における１ドル＝77・57円がアベノミクス実施前、直近の円高の最高値でしたし、同年11月13日の日経平均８６６１・05円が、その直近の株価の底値でした。

２０１２年12月16日の総選挙で自民党が圧勝し、第２次安倍政権が発足した12月26日以降、円安と株価の上昇は、確かにアベノミクスの「異次元の金融緩和政策」によって引き起こされることとなりました。参議院選での自公圧勝時点の２０１３年７月21日では、１ドル＝１００・34円の円安、株価は日経平均で１万４千５８９・91円まで上昇しました。株価上昇は、富裕層に一層の富の蓄積をもたらしましたし、円安もまたそれを応援したといっていいでしょう。

ここから見てもわかりますように、アベノミクスの金融政策は、名目・実質ＧＤＰの上昇や労働者の賃金上昇、あるいは、中小企業の経営支援を目指したものではなかったのです。２０２２年になって、日米の金利格差が広がり、高金利のドルを求めドル買いが急伸し、ドルが上昇、逆にゼロ金利の円が売られ、急激な円安が生じています。この円安によって日本では物価の急騰が起こっています。アベノミクスが開始された頃の円安がさらに急伸し、１ドル＝１４０円台に突入したにもかかわらず、黒田総裁は、「異次元の金融緩和政策」をやめようとはしません。多国籍企業は、この円安で濡れ手に粟の大儲け、内部留保が積み上がり、株の配当も上がり、富裕層に富が蓄積しています。しかし、中小企業の経営は物価高騰で危機的状況にあり、労働者の賃金も上がらず、実質賃金の下落が続きます。黒田総裁の「異次元の金融緩和政策」は、そういう日本経済を目指したものだったのです。

アベノミクスの第2の矢が2012年1月11日に閣議決定された「緊急経済対策」だったことは、既述の通りですが、この「緊急経済対策」として実行された「機動的な財政政策」の意味するものはいったい何だったのでしょうか。10年ぶりのこの公共事業バラマキ政策を、しかし、ケインズ政策だったととらえてはなりません。緊急の財政支出策は、ケインズの専売特許ではないからです。新古典派だろうが、マネタリストだろうが、必要な時は、いつでも緊急の財政支出政策を行うものなのです。

たとえば、レーガノミクスの実践がそれを示しています。レーガン政権は、インフレ抑制のため極めてタイトな金融政策によって戦後最大の経済恐慌を引き起こします。しかし、すぐさま金融緩和に転じ、財政支出の拡大政策へと変身します。これをアメリカの経済学者レスター・サローは当時次のように評価しました。「レーガン政権はケインズ主義者に生まれ変わり、金融緩和や大減税、政府支出の増大や赤字財政へと宗旨替えした。レーガン大統領は最初の任期の半ばまで来て、それまで絶えず批判してきた政策を、そのまま採用したのである」(レスター・サロー著、金森久雄監訳『ゼロ・サム社会　解決編』東洋経済新報社、1986年、6ページ)。

レーガン政権の場合、確かに軍需に基づく財政支出拡大政策とともに減税がありましたから、サローは、「レーガン政権はケインズ主義者に生まれ変わり」という表現をしたのかもしれませんが、この減税は、後にG・W・ブッシュ政権やドナルド・トランプ政権の高額所得者にも低額所得者にも等しく減税される、富裕者優遇減税ですから、応能負担を原則とするケインズ税制とは異なります。まして、このアベノミクスによる「機動的な財政政策」の後には、消費税率5％から8％への上昇がすでに決定済みなのですから、ケインズ政策に基づく財政政策でないことは一目瞭然です。

この「機動的な財政政策」は、その年7月の参議院選挙を乗り切るための一時的な景気浮揚を狙ったものだったのです。友寄英隆氏は、当時次のように鋭くいったものです。「13・1兆円も補正予算で財政支出すれば、一時的にGDPを押し上げる効果があることは当然です。ちなみに、13・1兆円は規模としては、GDP（約517兆円、2012年第Ⅲ期年率）の2・5％にあたります。こうした財政出動による成長率の押上は一過性のものです」（友寄英隆著『「アベノミクス」の陥穽』かもがわ出版、2013年、39ページ）。

＊アベノミクスの中長期戦略

ところで、こうした第1の矢、第2の矢の短期作戦のアベノミクスに続く第3の矢は、どのようなものだったのでしょうか。この第3の矢については、まず2013年6月14日に閣議決定した『日本再興戦略』を見なければなりませんし、さらにそれを改訂し、2014年6月24日に発表された『「日本再興戦略」改訂2014――未来への挑戦』を見てみることが必要です。

この日本再興戦略は、大きく第Ⅰ・総論と、第Ⅱ・3つのアクションプランの二つの部分から成り立っています。いうまでもなく、中心部分は、第Ⅱの3つのアクションプランにありましたが、この3つのアクションプランとは、第一が日本産業再興プラン、第二が戦略市場創造プラン、第三が国際戦略でした。

この第3の矢では、日本経済の中長期的政策を論じるのですが、国民経済という考えがなく、「日本企業をいかにもうけさせるのかが政府の中長期的課題なのだ」ということを強く打ち出していることが特徴でした。この中長期戦略は、産業競争力会議が作成したものですが、その議員として名を連ねるのは、安倍晋三総理大臣以下担当各大臣であることは当然として、民間議員の多くは大会社の会長や最高経営責任者(CEO)でした。小泉構造「改革」で辣腕《らつわん》をふるった竹中平蔵氏が議員として名を連ねていたことも銘記しておくべきでしょう。

したがって、日本再興戦略は、企業がいかにもうけるかがテーマになりました。2014年6月の改訂版では、さらにそれが露骨に出てきます。改訂戦略における鍵となる施策として、日本の「稼ぐ力」を取り戻すとしたからです。しかもその中心は、日本の90%以上を占める中小企業の「稼ぐ力」をどうするのかではなく、グローバルな市場で稼ぐ大企業の競争力ばかりを問題として、コーポレートガバナンスの強化やベンチャーの加速化などが鍵とされたのです。国を変えるといって、国際的な立地競争力を高める必要から「岩盤規制」に穴をあけろとか、TPPのみならず経済連携協定交渉を加速化し、モノ・サービス・投資の国境を越えた移動の障害を取り除けと叫んでいるのです（『「日本再興戦略」改訂２０１４―未来への挑戦―』２０１４年６月24日、４～７ページ）。

ＴＰＰに関して言いますと、２０１３年３月15日、突如安倍首相は、ＴＰＰ交渉に参加すると表明、２０１２年12月の総選挙での自民党の公約をかなぐり捨て、２０１５年10月５日、参加12カ国の「大筋合意」にもっていったことは周知の事実です。

＊アベノミクスで実際に起こったこと

安倍晋三首相は、２０２０年８月28日、新型コロナ感染症が、深刻に展開し始めているさなか、病気を理由に首相辞任を表明、９月16日には、安倍政治の継承と自己責任論を展開する菅義偉内閣に引き継がれました。アベノミクスは、菅政権においても継承され、そして、２０２１年10月に誕生した「新しい資本主義」を唱える岸田文雄政権にも引き継がれた様相ですが、７年８カ月安倍首相の下で実施されたアベノミクスとは何であったのか、についてここでまとめておきましょう。

まず、アベノミクスが実施されてから大企業の利益の上昇が、小泉構造「改革」が実施された２００１年から２００６年までに比べ、それをはるかに上回る実績を示したことは、**図４**を見れば一目瞭然です。しかも、その利益は多くが株主配当に回されていることもわかります。つまり、アベノミクスが実施された7年8カ月、新型コロナ感染症拡大で、企業利益が落ち込むまで、大企業は莫大な利益を上げ、それは、株主に優先的に回されていたことがわかります。なぜなら、これも図４が雄弁に語っていることですが、アベノミクスの7年8カ月、賃金は、２００1年から２００6年までと同様、停滞しているからなのです。こうした分配の不平等の連続が、経済成長率の低迷を引き起こしています。**図5**（次頁）が示していますように、アベノミクスが実施された7年8カ月は、戦後日本の経済成長において最も悲惨な時期であったことがわかります。

図４ 対企業の利益、株主配当、賃金の推移
儲けは賃金に回らず株主と企業の懐に

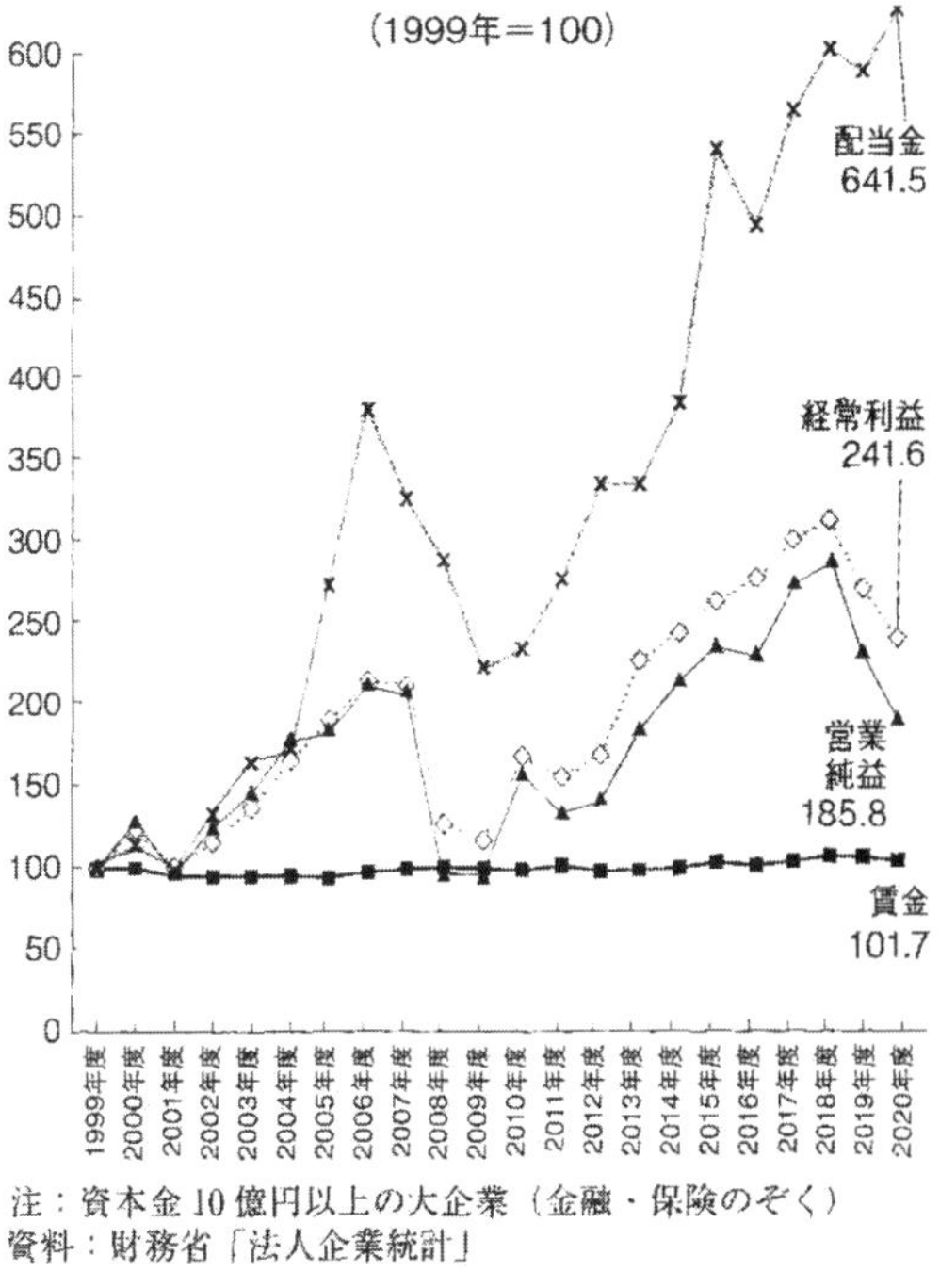

注：資本金10億円以上の大企業（金融・保険のぞく）
資料：財務省「法人企業統計」

２０２０年の４・４％の実質国内総生産の落ち込みは、たとえそれが新型コロナ感染症に責任

図５　　経済成長率の推移（実質国内総生産の前年度比）
2020 年度、戦後最大の落ち込み

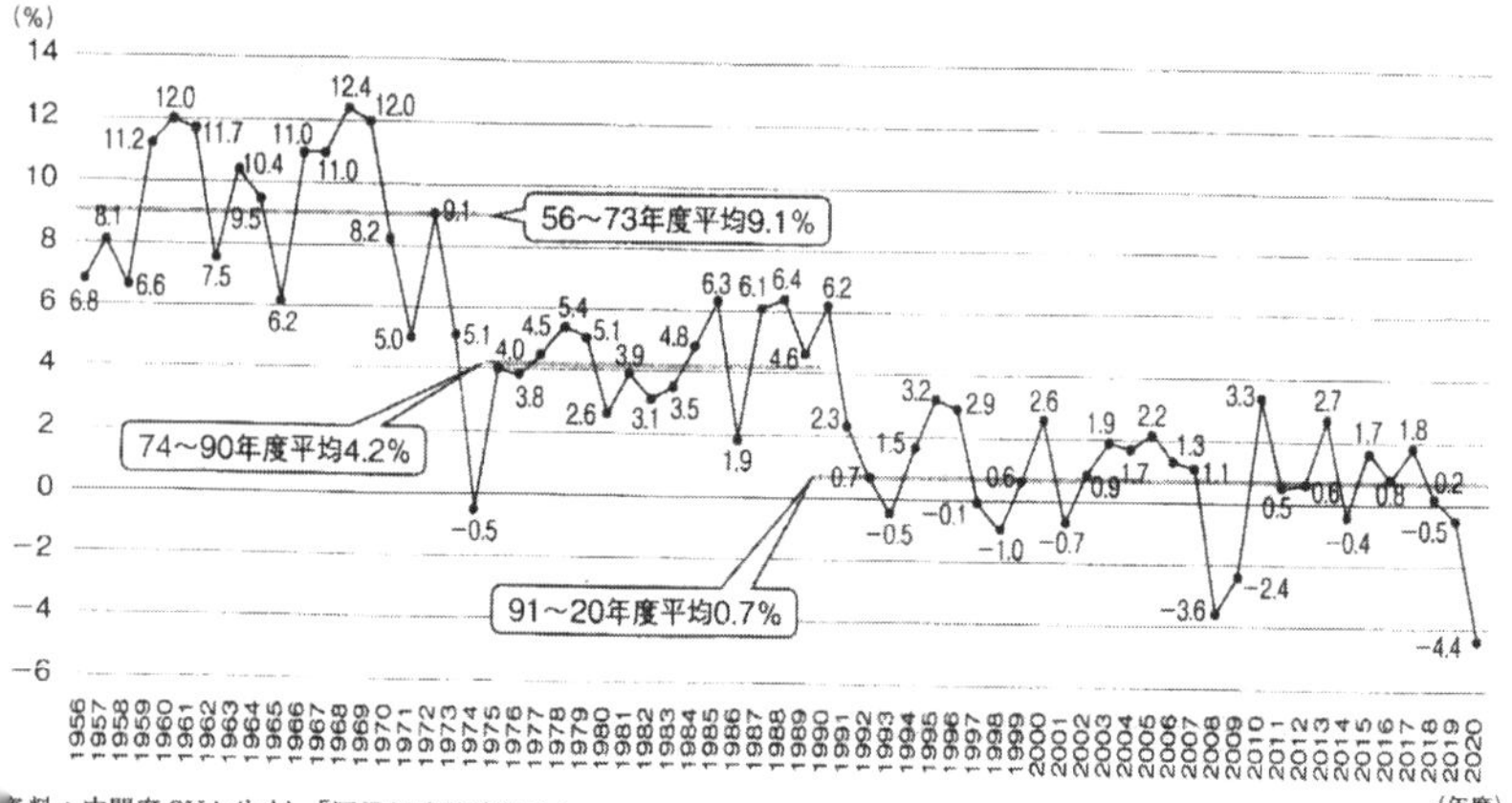

資料：内閣府 SNA サイト「国民経済計算年報」

図６　　大企業の内部留保が 466 兆円に伸びる

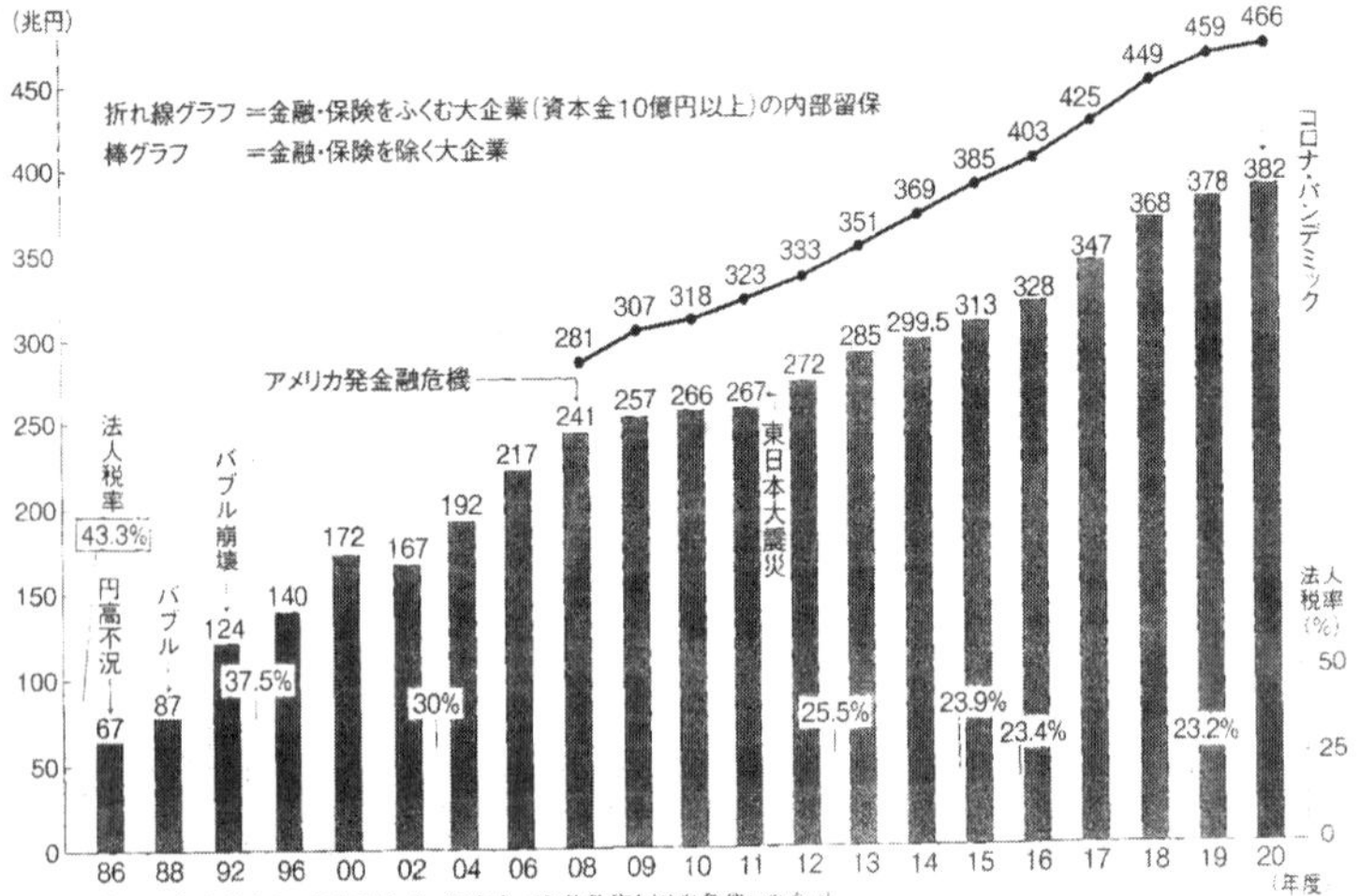

注：内部留保は資本剰余金、利益剰余金、引当金（流動負債と固定負債）の合計
資料：財務省「法人企業統計年報」、単体決算。資本金10億円以上の金融・保険を除く全企業約5000社と、金融・保険を含む約5800社

を押し付けるとしても、アベノミクスがつくり出した日本の経済構造のゆがみが表現されているといえます。なぜなら、**図6**を見ればおわかりのように、このコロナ禍においても、大企業の内部留保は、増え続けているからです。2020年度大企業の内部留保は、466兆円に伸びました。アベノミクスの実施の7年8カ月、大企業の内部留保は、333兆円から466兆円、ほぼ40%の増加なのです。その間、賃金が伸びなかったことは、図4が雄弁に物語っているところですが、法人税率は、下がり続け、現在では、23・2%となっています。消費税率が、その間8%から10%に引き上げ続けられた事実が示すものは、アベノミクスが、大企業のため、大株主の利益増のため、つまり、日本の富裕層の富の蓄積を積極的に応援する経済政策であったことなのです。

2　トランプ政権の誕生とその経済政策

＊「扇動家」ドナルド・トランプが勝利した理由

2016年大統領選でなぜドナルド・トランプが勝利したのでしょうか。それを一言でいえば、相手が既成政治家ヒラリー・クリントンであったということに尽きるでしょう。2008年9月のリーマン・ショックに始まる世界経済危機は、アメリカの政治にも大きな影響をあたえました。

オバマ政権の経済政策によって、確かに、この危機が、「第2の大恐慌」に落ち込むことはありませんでしたが、巨大金融機関の救済が先行した政策は、ブッシュ政権期以上に格差構造を創り出してしまいました。さらに対外政策で、オバマ大統領は、多くの労働者、消費者、環境団体、地方自治体などの反対するTPP協定の策定に奔走し、2015年10月5日の12カ国による「大筋合意」にもっていきました。

こうしたオバマ政権の既成政治に乗っかったヒラリー・クリントンは、ドナルド・トランプに対して攻勢的に選挙戦を戦うことができなかったということでしょう。事実ヒラリー・クリントンは、ウォール・ストリートとの関係が指摘されていましたし、TPPについても、彼女は、オバマ政権の国務長官として積極的にその成立に力を注ぎました。しかし、大統領選になると手のひらを返したように、突如「私はTPP協定に反対する。この大筋合意は私の水準を満たしてはいない」という始末でした。

ところで、大統領選の行われた2016年の共和党全国大会は、7月にオハイオ州クリーブランドで行われました。そこでのトランプの大統領候補受諾演説では、効果的なクリントン攻撃がなされています。「大企業や大手メディア、大口献金者から大金をもらっているクリントンは、彼らの操り人形だ。変革はもたらせない」。「クリントンは国務長官時代に私用のサーバーに電子メールを違法に保管し、国を危険にさらしたが、嘘をつき何の罪にも問われていない」。「クリントンは、アメリカの雇用を喪失させる韓国との貿易協定を支持した。環太平洋経済連携協定（T

PP）も支持した」。「TPPはアメリカ製造業を壊滅させ、アメリカを外国政府の決定に従わせることになる。自由や独立を制限する貿易協定は拒否する。その代わりに、個々の国と個別に取り決めを結ぶ」――という具合です。

トランプ大統領誕生の政治経済的意味を探りますと、それは、アメリカ共和党が「扇動家」ドナルド・トランプを使って、「尋常ならざる手段」によって、アメリカ民主党から政権を奪取したことに求められるでしょう。とにかく、トランプ大統領候補の扇動ぶりは、度を越していました。

いうまでもなく、アメリカ共和党といえば、GOP（Grand Old Party）と略称されるように偉大な古い政党であり、奴隷解放を行ったエイブラハム・リンカーンの党なのです。民主主義の権化みたいに思われている政党に、生粋の共和党員でもない、実業家、ドナルド・トランプがなだれ込んできたという感じでしょうか。ドナルド・トランプには、政治の経験がありません。父親がニューヨーク市で不動産業を営んでいたのを手伝い、1971年に会社の経営権を与えられ、トランプ・オーガナイゼーションに社名を変更し、実業家として人生を歩んできたのです。NBCテレビのリアリティー番組で有名になり、「お前はクビだ」（You are fired!）という決め台詞は、全米に知れ渡り流行語にもなりました。

出馬表明演説では、メキシコ人を「麻薬や犯罪を持ち込み、婦女暴行犯だ」という発言をしたり、「イスラム教徒は、アメリカに入れない」というような憲法違反の発言を繰り返し、そのたびに支持率を上げるという扇動家ぶりには、既成の共和党の候補者たちもとてもかなわないという状況だったというわけです。人種差別発言を繰り返し、白人至上主義団体KKK元幹部からの支持についてそれを拒否しなかったことが批判されるという一幕もありました。

ワシントン・ポスト紙は、2016年2月25日、異例の社説で、「良心ある共和党指導者にトランプ氏を止める意思があるなら、今こそできることをする時だ」と呼びかけ、「弱い者いじめの民衆扇動家の指名獲得を防ぐため、できることを全てしなかった指導者に、歴史は優しい目を向けないだろう」(*The Washington Post*, February 25, 2016) と主張しました。しかし、逆に言えばそれほど既成の共和党政治家は、身内の共和党員からも愛想をつかされていたともいえるのでしょう。

2008年11月の大統領選で当選した上院議員バラク・オバマは、従来の政策からの大きな変革を訴えました。巨大金融機関の救済を優先させ、対外経済政策としてTPPの成立を図りましたが、国内政策の基軸として「中間層重視の経済政策」の実施を試みたことも事実でした。富裕層の利害にがんじがらめの議会共和党は、その実施を必死に阻止することを行い、オバマ政権の経済政策は、思うように進めることはできませんでしたが、世界経済危機を克服し、先進資本主義国の中では、もっとも早く金融政策の正常化、すなわち金利政策に戻ることに成功したのはアメリカ経済だったのです。

野党共和党の目的は、オバマ民主党政権によって実施されようとした「中間層重視の経済政策」を「富裕層重視の経済政策」に転換することにありました。もちろん、「富裕層重視の経済政策」

を実施するなどと言えば、大統領選に勝利することはできませんし、一時隆盛をみた「ティー・パーティー運動」ももはや落ち目です。だから、野党共和党は、「扇動家」ドナルド・トランプに政権奪還の希望を託したといえるでしょう。これは危ない賭けです。しかし、共和党にとっては、切羽詰まった背に腹は代えられない作戦だったといえるでしょう。

ドナルド・トランプは、ヒラリー・クリントンに「既成政治家」のレッテルを貼り、自らは「虐げられし」労働者の味方の仮面をかぶり、従来民主党の基盤であった、白人下層労働者にターゲットを絞って切り込んだのでした。こうして、実業家トランプは、五大湖周辺の、従来は民主党の選挙基盤だったいわゆる「ラストベルト」(錆びついた地帯)で勝利を呼び込み、大統領の座を射止めたというわけなのです。同時に行われた連邦議会選挙でも、上下両院いずれも共和党が多数を占めました。まさしく、共和党の作戦は成功し、彼らの目標は達成されたといえるでしょう。

*トランプ政権、最初の100日間

新政権の100日間というのは、たとえ大統領の所属政党が議会で少数派であっても、議会は大統領に協力し、政権の政策決定は、スムーズにいくというのが通り相場でした。しかしながら、2017年1月に政権を樹立したトランプ大統領は、上下両院とも共和党が多数を握ったにもかかわらず、思うようには政策実行ができませんでした。それはなぜだったのでしょうか。

トランプ排外主義政策の失敗

トランプ政権100日間における政策の失敗のもっとも大きなものは、彼の排外主義的政策にあったことは明らかです。大統領就任後の1月25日、トランプ大統領は、メキシコに壁を築く大統領令に署名しました。費用はメキシコが払うとしましたから、メキシコ大統領ペニャ・ニエトは、これに怒り、「壁の費用は払わない」としましたから、その時予定されていた米墨《べいぼく》首脳会談は取りやめとなりました。このメキシコ国境の壁は、もちろん現在に至るも完成されてはいません。

トランプ大統領は、さらに排外主義政策を継続し、27日には、シリア、イラクなどイスラム7カ国からの入国禁止、難民の受け入れも一時停止する大統領令に署名しました。この措置に対して、1月30日、ワシントン州で、連邦地方裁判所にその効力の一時停止を求める申し立てがあり、2月3日、連邦地裁は、大統領令の一時停止を命じ、入国が再開されました。トランプ政権はそれを不服として連邦控訴裁判所に控訴しましたが、7日に弁論があり、9日には効力停止の維持が決定され、トランプ政権側には痛手となります。しかし、トランプ大統領は、あくまで争う構えを崩さず、さらに3月6日には、新入国禁止令に署名します。それによりますと、7カ国からイラクを除き、アメリカの永住権やビザの所有者を対象とせず、難民受け入れではシリア出身者の全面排除や宗教マイノリティの優先を明記しないという変更とはなりましたが、3月15日、ハワイ州連邦地裁による執行停止決定によって、全米で執行が停止されました。

オバマケア廃止・見直しの失敗

１００日間の失敗の第二は、ケア適正化法（オバマケア）を廃止することができなかったことでした。アメリカでは、高齢者向け医療保険、メディケアと低所得者向けのメディケイドという保険制度がありますが、働き盛りの人たちへの健康保険制度が整備されていませんでした。オバマケアとは、オバマ政権時代にできた健康保険制度であり、政府が税金を投入して、保険に加入していない多数のアメリカ人に医療保険を提供するものでした。トランプ大統領は、２０１７年2月28日の施政方針演説で、オバマケア廃止の方針を述べ、それにそって、共和党指導部は、オバマケア見直し案を提示、保険加入の義務規定を外し、入らない場合の罰則規定もなくし、医療補助制度の削減など、保険市場の自由化を行うことで財政負担を減少させようとするものでした。

議会予算局（ＣＢＯ：Congressional Budget Office）は、この見直し案が通れば、保険加入者の激減がおこり、保険料の大幅アップが起こるだろうと試算しました。この推計値の衝撃は大きいものでした。共和党内は分裂、「完全廃止」を求める保守強硬派と無保険者の急増を避けたいとする穏健派との調整がつかず、3月20日、党執行部は、修正案を出しましたが、結局、24日オバマケア代替案は撤回されることになりました。これは、トランプ政権の大敗北でした。

トランプ政権の軍拡路線

トランプ大統領は、既述の施政方針演説で、「私は、軍の再建の予算を議会に送り国防費の削減を取りやめ、アメリカ史上最大級の国防費の増額を求めていく」と述べました。事実、トランプ大統領は、連邦議会に提出した２０１８会計年度（２０１７年10月〜18年９月）の予算教書で、軍事費の大幅増加、増額分を他の分野で相殺するプランを明らかにしました。トランプ大統領は、予算教書について、「治安と国家安全保障の予算になる」「消耗したアメリカ軍を立て直すために国防費をこれまでになく増額する」と述べ、「インフラ投資についてもどんどん拡大する方針を発表しました。削減される項目は、海外援助費、非防衛プログラムの予算、国務省や環境保護局（ＥＰＡ）など、国防総省以外の大半の政府機関の予算が対象となっていました。

こうした連邦予算の裁量的経費について、アメリカ軍関係の高官から警鐘を鳴らす意見が続出したことは注目すべきでしょう。かれらは「われわれは、軍での経験から、国家が直面する危機の多くが軍事力だけでは解決できないことを知っている」とし、とりわけ、国務省・国際開発局などの業務は、国家安全保障にとって極めて重要であると指摘したのでした。

＊減税と規制緩和の新自由主義

「減税および雇用法」（ＴＣＪＡ：Tax Cuts and Jobs Act of 2017）の制定

トランプ政権の経済政策の柱は、２０１７年12月に制定された「減税および雇用法」にありました。この減税法は、レーガン政権期の減税政策を引き継ぐ共和党保守の新自由主義的経済政策でした。トランプ大統領は、１００日間の最後の局面で、減税法についてのプランを明らかにしましたが、それが実際に議会を通過し、トランプ大統領の署名を得て発効したのは、２０１７年12月のことでした。

この減税法の骨子は次の通りです。

◆２０１８年から連邦政府の法人税率を35％から21％に引き下げる。企業の非構築物資本投資を完全費用化する。

◆所得税の最高税率39・6％から37％に引き下げる。税率区分は、従来の7段階を維持し、一部税率を引き下げる。これは、２０２５年までの時限措置。

◆アメリカ企業が外国でため込んだ利益を本国に戻す際、過渡的措置として、現金の場合、税率15％とし、その後はかけない。

◆「ケア適正化法」（ＡＣＡ：Affordable Care Actof 2010. 通称オバマケア）の保険加入義務を撤廃し、補助金を廃止する。

◆減税措置は、10年で約1・5兆ドル（約１７０兆円）。

２０１８年大統領経済諮問委員会報告は、法人税を35％から21％に引き下げ、設備投資の完全費用化によって、長期で、２％から４％の産出増が見込まれ、年間家計の平均賃金を約４０００

ドル引き上げるだろうと推定しました。そしてさらに、アメリカ経済とりわけアメリカ労働者に危害を加えてきたのは、議論の余地のない二つの経済的傾向だとします。それは、一つには、高度かつ加速度的に動く資本であり、二つには、世界に比べて競争上極めて不利な法人所得税であるとします。その結果、アメリカ国内における資本形成が阻害され、資本深化がないもとで、結果として賃金上昇が停滞しているというのでした。

アメリカの税制は、古くから「全世界課税システム」(worldwide system)でした。つまり、アメリカ企業は、世界のどこで営業を行って利益を上げても、それは、アメリカの税制に従って納税しなければならないことを意味しました。けれども、海外法人税納税猶予制度がありますから、利益は本国に持ち帰らない限り、課税されることはなかったのです。したがって、多くのアメリカ多国籍企業は、収益を税率の低いタックス・ヘイブンなどに移動させ、それをアメリカ本国へは持ち帰りませんでした。

２０１７年12月に制定された「減税および雇用法」の下で、アメリカの法人税は、「全世界課税システム」から「源泉地課税システム」(territorial system)に移行し、そのことによってアメリカに本社を置く企業のペナルティーは終了したと大統領経済諮問委員会報告は言います。なぜなら、アメリカ多国籍企業が稼いだ海外での所得をアメリカ本国に還流させても追加的な税を支払う必要がないからです。源泉地課税への転換で、海外で発生した所得には、低率の一回限りの課税となりましたから、多国籍企業が、もうけを海外に留め置くインセンティブは働かなくなるだろうというわけです（*Economic Report of the President 2018*, Bernan Press, 2018, pp.31-32）。

トランプ政権は、企業の利潤が法人税減税によって増大し、その結果、労働賃金の上昇をもたらすことができるとします。また、設備投資の完全費用化の減税効果で投資が活発になり、労働需要が増大し、賃金が上昇するというトリクルダウン仮説を信奉しています。つまり、企業の利益が多くなれば、それがしたたり落ちて、労働賃金の上昇につながるという現実には起こりえない仮説を信じているのです。彼らは口が裂けても最低賃金を上昇させ、全体の賃金水準をあげることが重要だとは言わず、法人企業への減税によって労働賃金の上昇がもたらされるとするのです。

確かに、法人所得税の減税と設備投資の費用化は、使用者資本コストの削減を通じて、巨額な投資効果を生み出すことができる可能性があります。事実、２０１７年12月の減税法が通過してから、アメリカ企業は、設備投資を積極的に進めました。しかも、全世界課税システムから源地課税システムへの転換に伴う減税により、アメリカ多国籍企業の海外収益の本国アメリカへの送金が、２０１８年に急増しました。減税による企業利潤の上昇は、確かに労働者に一時的な給与の上昇をもたらしました。企業活動の活発化は、労働需要の増大をもたらし、失業率が今までになく低水準になったことは事実です。

しかし、注意しなければならないのは、これらの効果は、一時的なものということなのです。

アメリカ多国籍企業の海外収益の本国送金は、その多くが自社株の買い戻しによる株価つり上げに使われ、確かにそれは、アメリカ株式市場にこれまでにない活況を創出したことは事実なのですが、それは、最低賃金の大幅上昇によるアメリカ経済の真底からのボトムアップによって創り出されたものではなく、したがって、継続的な経済成長という点では、甚だ疑問であるといわざるを得ないのです。

しかも、この2017年12月の「減税および雇用法」には、2010年オバマ政権時代に成立した「ケア適正化法」の加入義務規定が外され、補助金が廃止されるという、オバマケア骨抜き法案が含まれていたのです。加入義務規定が外され、補助金が廃止されれば、当然、保険に加入する人は減少しますし、保険料は上昇します。2018年11月には、連邦議会の中間選挙がありました。2016年大統領選挙の民主党予備選挙で、ヒラリー・クリントンと候補者の座を争った、民主的社会主義者、バーニー・サンダースは、この中間選挙で「メディケア・フォー・オール」(Medicare For All! すべてのアメリカ国民に健康保険を!)という運動を起こします。この運動がばねとなって、この選挙では、サンダースに共鳴する多くの民主党進歩派議員が誕生し、共和党多数派の下院議会を民主党多数に変えたのは、アメリカ国民の健康保険制度に対する危機意識が投票行動に現れたとみるべきでしょう。

規制緩和の環境政策

規制撤廃は、減税とともにトランプ政権の重要な柱でした。トランプ大統領は、環境政策においても、エネルギー業界の利益を優先させ、2017年3月28日、オバマ前政権の地球温暖化阻止政策を全面的に見直す大統領令に署名し、大転換を図りました。この政策転換は、2016年11月に発効した地球温暖化阻止の国際的取り組みである「パリ協定」において、アメリカが掲げた「温室ガスの排出基準量を2025年までに05年比で26~28%削減する」という目標を反故にするものでした。スコット・プルイット環境保護局長官は、4月13日、パリ協定について、「離脱しなければならない。アメリカにとって悪い協定だ」などと環境保護局長官にあるまじき発言をしました。事実、トランプ大統領は、6月1日、アメリカは、地球温暖化対策の国際ルールである「パリ協定」から離脱すると発表しました。もちろん、規制の廃止や撤廃は、そう簡単には進みません。協定の規定では正式な離脱は発効後3年後の2019年11月4日には可能なのですが、手続きにさらにまた1年かかりますから、アメリカの離脱は、2020年11月以降となります。また、廃止にはそれなりの根拠が必要ですし、地方自治体では、厳しい環境基準を課しているところもあります。トランプ大統領に代わるバイデン大統領の誕生によって、「パリ協定」からの離脱は阻止され、アメリカが「パリ協定」に復帰したのは周知のとおりです。

＊ディールで迫るトランプ政権の対外政策

オバマ政権が、東アジア共同体路線を妨害し、米ドルを基軸とするアジアにおける経済覇権維持を、アジア・太平洋諸国12カ国で進められているTPP協定に求めたことはすでに述べました。それに対して、トランプ政権は、このオバマ政権のTPP参加路線を完全に否定し、TPP協定離脱という選挙公約を前面に立て、ヒラリー・クリントンを大統領選で打ち負かしました。とりわけ、ラストベルトといわれるかつて工業で栄えた地域の白人労働者の支持を得るには、TPP協定離脱は、その格好の選挙公約といえるでしょう。TPPは、かつてヒラリー・クリントンの夫、ビル・クリントンが結んだ北米自由貿易協定（NAFTA：North American Free Trade Agreement）のアジア・太平洋版であり、NAFTAがアメリカ労働者の雇用を奪ったことは明白な事実だったからです。

しかも、すでに本書で述べましたが、2012年12月、日本の総選挙で、「TPP断固反対！」の選挙公約で勝利しながら、舌の根も乾かぬうち、ころりとTPP協定交渉に突き進む、安倍晋三首相とは異なり、トランプ大統領は、この点では「嘘」はつきませんでした。トランプ大統領は、就任後まもない2017年1月23日、TPP離脱のための大統領令に署名し、アメリカは、TPPから離脱しました。トランプ政権を打ち破り、2021年1月、政権を樹立した、民主党バイデン政権も、このTPPに関しては批判的であり、この協定に復帰することはなさそうです。

このトランプ政権の行動は、トランプ大統領のディール（取引）による「アメリカ第一主義」(Make America Great Again!) の追求によるものといっていいでしょう。いうまでもなく、トランプ大統領は、実業家であり、政治の経験がまったくありません。しかも、彼の実業家としてのやり方は、一対一のディールによるものなのです。多くの国が集まり、何か一つの協定をつくりあげるという能力にトランプ大統領が欠けるといいかえてもいいでしょう。オバマ政権がNATOはじめ戦後アメリカの同盟国を重視する路線をとったのに対し、トランプ大統領は、「NATOは古臭い」とこき下ろし、ロシア・プーチン政権との親密な関係を保とうとする姿勢にもそれは表れていました。歴史に「もし」は許されませんが、もし、バイデン政権ではなく、トランプ政権が2期目の政治を行っていたとすれば、ロシアのウクライナ侵略についてのアメリカの政治姿勢は、今と異なっていたかもしれません。

トランプ政権が、対外経済政策において最も重視したのは、中国でした。トランプ大統領は、新設された国家通商会議議長に、対中強硬派のカリフォルニア大学教授ピーター・ナヴァロを任命しました。2017年4月6日、7日、トランプ大統領は、フロリダ州にある別邸に習近平中国国家主席を招き、米中首脳会談を行います。このころまでは、米中貿易関係是正のための100日間計画が強調され、対中貿易関係の緊密化が行われるかに見えました。

しかし、2018年になりますと、トランプ大統領は、中国の知的財産権侵害を主たる理由に、対中制裁路線に転じ、中国のアメリカへの輸出品に高関税を吹っかける「関税男」(Tariff Man：タリフマン)に変身します。2017年12月の「減税および雇用法」を通過させ、景気高揚をもたらすなかで、対外的に「アメリカ第一主義」を貫こうとするトランプ大統領得意のパフォーマンスかもしれません。また、2018年になると、共和党主流派の閣僚が解任或いは辞任し、対外経済政策では、中国強硬派が自由貿易派を押しのけて主導権を握り始めたことも大きな要因かもしれません。今日、「マガ・リパブリカン」(MAGA Republican：熱狂的なトランプ支持の共和党員)とバイデン大統領が命名する、共和党員たちが大きな力を共和党内で発揮しているようですが、この辺の時期が、その誕生のはしりかもしれません。自由貿易派といわれたゲーリー・コーン国家経済会議議長が、常軌を逸したトランプ大統領に嫌気がさして辞任します。ピーター・ナヴァロや米通商代表のライトハイザーなどの対中国強硬派がそれ以降、対中国宥和派といわれたムニューシン財務長官を押しのけて政策立案の主導権を握っていくことになりました。

＊トランプ大統領はなぜ敗北したのか

2020年11月の大統領選挙は、トランプ大統領の自滅によってバイデン勝利となったという言い方が正しいでしょう。一言でいえば、トランプ政権が、新型コロナ感染症対策に失敗し、世界最大数の感染者と死者を出し続けたということが敗北の大きな要因だったといえるからです。

この感染症の被害は、多くの経済的弱者に集中したのでした。

２０２０年５月25日、ミネソタ州、ミネアポリスで黒人男性ジョージ・フロイドが警官に首を膝で抑えられ、「アイ・キャーント・ブリーズ」（I can't breathe!!：「息ができない」）という言葉を残して、窒息死させられるという事件が起こりました。この殺害事件に対して、全米で人種差別主義反対・黒人の命を守れ！の抗議運動が引き起こされます。この全米での抗議運動の背景に、貧困に陥り、医療もまともに受けられず、新型コロナウイルスに侵され死亡率が高まった、黒人、ヒスパニック、ネイティブ・アメリカンの人たちの窮状があったことは明らかでした。

トランプ大統領は、その抗議運動に対して「法と秩序」（Law and Order!）を強調し、その鎮圧に連邦軍を差し向けようとしたのですが、エスパー国防長官は、それに反対し、連邦軍が鎮圧に乗り出すことはありませんでした。「法と秩序」の強調は、１９６８年大統領選の時に、ニクソン共和党大統領候補が使い、大統領職を射止めるのに成功した言葉です。１９６８年は、キング牧師が暗殺され、民主党大統領候補として期待されたジョン・F・ケネディの弟、ロバート・ケネディも暗殺されるという民主党のご難続きの年でした。トランプ大統領は、これを使って「大統領職の勝利を！」と目論んだようですが、そうはうまく事が運ばなかったということでしょう。

むしろ、１９９２年４月末から５月に起きた「ロサンゼルス暴動」の年、その11月の大統領選の「二の舞」になった観がありました。その選挙では、大統領職の二期目を狙うブッシュ大統領が、民主党大統領候補ビル・クリントンに敗北した選挙でした。

1991年12月、ソ連が消滅し、その翌月、1992年1月に「冷戦」勝利の一般教書演説をアメリカ国民に行ったブッシュ大統領は、本来「冷戦」勝利の凱旋将軍として、2期目の大統領職を勝ち取ってもおかしくはありませんでした。けれども、クリントンに敗北した背景に、レーガン・ブッシュの共和党12年の格差と貧困の深刻さがあったことはよく知られています。レーガン・ブッシュ政権の新自由主義経済政策の12年は、大量の失業、健康保険制度の不備による無保険者の急増、エイズの発生、ホームレス、家庭崩壊と教育の荒廃、麻薬、都市機能の麻痺などという結果を生み出したのですが、アメリカ社会のその深刻な事態は、高い失業率など、とりわけ都市の黒人層に、重くのしかかったのでした（詳しくは、拙著『新自由主義と金融覇権』大月書店、2016年、78〜83㌻参照）。これが、1992年4月末から5月にかけての「ロサンゼルス暴動」の背景にあり、ブッシュ大統領は、その鎮圧のため連邦軍を出動させたのでした。

2020年における抗議行動が全米に広がった背景には、新型コロナ感染症がとりわけ都市の貧困層に甚大な影響を与えた事実があったことは明らかでしょう。トランプ大統領の新型コロナ危機へのまずい対応が、トランプ大統領再選を阻んだといえそうです（2020年11月大統領選の予測についての詳細は、拙稿「コロナ危機・人種差別抗議で揺れるアメリカ」『経済』2020年8月号、新日本出版社、参照）。

IV

新自由主義はいかにして克服可能か

1　バイデン政権の誕生とその経済政策

＊熱気を帯びた2020年11月の大統領選挙

２０２０年11月３日投票のアメリカ大統領選は、歴史上まれにみる大熱戦となりました。２期目を狙う現職大統領ドナルド・トランプと民主党ジョー・バイデン元副大統領との一騎打ちとなり、トランプ大統領が敗北し、オバマ政権において副大統領を務めたジョー・バイデンの勝利となり、２０２１年1月20日新大統領が誕生しました。この選挙は、新型コロナ感染症が深刻に展開するというなかで行われた異例の選挙でした。有権者の関心は極めて高く歴史上最高の投票数を記録したのです。バイデンが８０００２万１９１５票、トランプが７３８８万７１９２票（11月25日現在）合わせて1億５３９０万９１０７票は、史上最高の投票数であり、バイデンの獲得選挙人は、３０６人、トランプが２３２人で、バイデンの完勝でした。バイデンは、得票数でもトランプを６１３万票も引き離したのです。

アメリカ大統領選は、選挙人の獲得競争です。下院議席数４３５、上院議席数１００、ワシントン特別区３、合わせて５３８が選挙人の数で、その過半数を獲得すれば勝利します。そもそも、今日のアメリカ大統領選挙の仕組みは、1788年の合衆国憲法上定められた古いものです。この大統領選挙人制度は、本来大統領選挙を「腐敗や激情の支配から免れさせる」ことを目的に創られたものでした。

建国期、初代財務長官アレグザンダー・ハミルトンが、この選挙人制度について「公衆の選択の最終的選択として単一の人を選ぶよりも、極端なあるいは暴力的な運動によって、共同社会を騒然たらしめる傾向を少なくするといえるだろう」と言っているからです。公衆が信頼に足る選挙人を選出し、理性と知性をもった大統領選挙人により大統領を選出する、これが本来の趣旨だったことになります。

しかしこの制度は、政党が出現し、州ごとに最も得票の多い政党の大統領候補者が州の選挙人を総取りする、いわゆるユニット・ルールができてから、性格が一変したといっていいでしょう。このユニット・ルールは、もうすでに1836年に始められ今日に至っています。

幕末、鳥島沖で漂流生活の後、運よくアメリカの捕鯨船に救助され、アメリカに長らく滞在したジョン万次郎こと中浜万次郎が、嘉永4年（1851年）日本に帰国した時、「アメリカでは国主は国民が選ぶ」というアメリカ民主主義を伝えたとされますが、このユニット・ルールは、もうすでにそのころには出来ていたということになります。

4年前の大統領選挙では、ドナルド・トランプは、得票数では、ヒラリー・クリントンに286万票も差をつけられ負けていたにもかかわらず、獲得選挙人は、306人、ヒラリーが

232人ということで大統領になれたことを思えば、今回は、バイデン勝利に文句のつけようはないはずでした。しかし、トランプ大統領は、得意の扇動ぶりを発揮し、「郵便投票は不正だ」「開票作業に不正があった」などと根拠のない難癖をつけ、敗北を認めようとはしません。トランプ大統領を支持した有権者も、その70％が不正によって、バイデンが大統領を盗んだと本気で思っていたようです。たしかに、かつて7000万票以上も獲得して、敗者になった大統領候補はいませんし、それを上回る8000万票以上の票を獲得して大統領になった候補もいまだかつていません。

こうした事情が背景にあって、ドナルド・トランプ支持者たちが、暴力的に連邦議事堂に乱入するという前代未聞の大事件が発生します。2021年1月6日には、連邦議会において、ジョー・バイデンが正式に次期大統領として決定されるという半ば儀式に似た行事が執り行われていました。しかし、その行事を暴力的に打ち壊そうとする、ドナルド・トランプの狂信的な支持者たち、バイデン大統領がそれを「マガ・リパブリカン」と名をつけたことは既述の通りですが、かれらが議事堂に侵入し、議事を妨害するという事件がありました。この行事の議長は、トランプ政権の副大統領マイク・ペンスであり、ここで正式に民主党ジョー・バイデンを次期大統領と認めましたが、乱入した暴徒たちは、「ペンスを吊るせ」(Hang Mike Pence!)、「ペンスを吊るせ」と連呼し、実際に「首吊り台」を持ち出して、トランプ大統領の言うことをきかずにバイデンを次期大統領と認めた副大統領ペンスを「絞首刑にしろ」と叫ぶ始末でした。

2021年1月20日、連邦議事堂特設ステージで、民主党大統領ジョー・バイデンの大統領就任式が執り行われました。しかし、ドナルド・トランプは、その式に出席せず、大統領専用機で、フロリダ州、マール・ア・ラーゴの私邸に向かいました。歴代の大統領で、次期大統領の就任式に出席しなかったのは、第16代大統領エイブラハム・リンカーン暗殺の後、大統領となったアンドリュー・ジョンソンが、第18代大統領ユリシーズ・シンプソン・グラントの大統領就任式を欠席した1869年以来2度目の珍事ということになります。リンカーンを継ぎ、大統領となったジョンソンが、熱烈な奴隷制擁護論者だったことはよく知られており、これでアメリカの黒人解放は100年遅れるなどといわれ、事実、黒人の権利を正当に保障する公民権法が成立したのは、1964年でした。第18代大統領グラントが、南北戦争時に北軍の総司令官だったことを思いますと、ジョンソンが新大統領の就任式に出席しなかったのもなるほどと思われる節がありますが、ジョンソンは、歴代の大統領で初めて、下院で弾劾裁判の有罪評決を受けています。ドナルド・トランプが明確な人種差別主義者であることは、彼の私設弁護士だったマイケル・コーエンの議会聴聞会で述べたことからも明らかですが、トランプ大統領は、ジョンソン大統領が1回だったのに対して、2回も連邦下院議会での弾劾裁判で有罪の評決を受けているのです。両人とも、上院での弾劾裁判では、かろうじて無罪評決となり、免職になることだけは免れましたが、彼らが強烈な人種差別主義者である点では一致しているのです。

＊「より良い再建計画」(Build Back Better Plan)

２０２１年1月20日、政権についたバイデン大統領は、トランプ大統領による入国禁止令の廃止、メキシコ国境に壁を築く建設資金の停止など、矢継ぎ早に前大統領の発した17本の大統領令を転換させます。1月20日の同じ日には、大統領令で「パリ協定」への復帰、また世界保健機関（WHO）脱退の撤回を行い、また27日には、環境・気候変動対策の大統領令を発します。2月に入ると2日に、移民政策転換の大統領令を発し、8日には、国連人権理事会に復帰することを発表します。

バイデン政権の初期の行動はトランプ政権の常軌を逸した政策の転換でしたが、本格的なバイデン政権の経済政策は「より良い再建計画」によって示されました。

「より良い再建計画」とは、バイデン大統領によって、２０２０年から21年に提示された「ひとつの法的枠組み」(a legislative framework) であり、１９３０年代大恐慌に立ち向かったニュー・ディール政策以来最大の野心的規模と範囲をもつ、社会的プログラム、インフラ整備計画、そして環境プログラムを含む、全国的公共投資計画なのです。

この計画は、三つの部分から成り立ちます。第一が、「アメリカ救済計画」(American Rescue Plan) ですが、COVID-19 救済支出法として、２０２１年3月に制定されました。その他二つは、異なった法律として議会で検討中となり、「アメリカ雇用計画」（American Jobs Plan）は長期にわたって無視され続けたインフラ整備に対処するものであり、気候変動の破壊的な結果を削減するためのものでもありました。また第三の「アメリカ家族計画」(American Families Plan)は、様々な社会政策的行動に資金付けするものであり、例えば、全国的規模では一度も立法化されたことのない、有給家族休暇制度（paid family leave）などの提案なのです。

この「より良い再建」法案が、その計画の多くを実現するため、第117下院議会に上程されました。これは、「アメリカ雇用計画」から出てきたもので、インフラ整備、気候変動、社会政策に対処する諸条項も含まれており、3兆5000億ドル規模のものでしたが、様々な調整を経て、ほぼ2兆2000億ドル規模に引き下げられ、2021年11月9日、下院を220対213の僅差で通過しました。

この法案は、上院に回され審議されましたが、上院の議員構成は、与党民主党50人、野党共和党50人で、共和党は全員反対ですが、民主党が一致団結して賛成すれば、上院の議長は、副大統領カマラ・ハリスですから、彼女の賛成で、法案は通るはずでした。しかし、その年の12月、民主党上院議員ジョー・マンチン（Joe Manchin）一人の造反でこの法案は成立せず、お蔵入りかと思われたのでした。「より良い再建」法案に対する国民の支持率は高く、データ・フォー・プログレスが2022年1月11日に行った調査では「より良い再建」法案に対する支持率は、65％、不支持は29％でした。バイデン大統領に対する支持率は、インフレ高進の影響もあって、1月14

日の世論調査（ラスムセン）では、38％、不支持60％にまでになりました。これでは、2022年11月8日投票の連邦議会中間選挙を与党民主党が乗り切ることは不可能です。

＊「インフレ抑止法」の制定

2022年7月27日、突如、「インフレ抑止法案」（Inflation Reduction Act）が、上院多数派リーダー、チャック・シューマーによって発表されます。実は、「より良い再建」法案が、不成立の後、不成立とさせた張本人ジョー・マンチンとチャック・シューマーの間で、秘密裏にすり合わせの交渉が進んでいたのです。このままでは、それでなくても中間選挙は、与党が負けるというジンクスがあるのですから、民主党のボロ負けは確実です。その焦りが、7370億ドル規模の「インフレ抑止法案」となって、7月に突如提案されたとみて間違いはなさそうです。この法案は、2022年8月7日、上院を民主党賛成50、共和党反対50、議長のカマラ・ハリスの賛成で通過します。その後、8月12日、下院に回されたこの法案は、すべての民主党議員の賛成220、すべての共和党議員の反対207で通過します。2022年8月16日、法案は、バイデン大統領の署名を経て成立しました。

この法は、「インフレ抑止法」とはなっていますが、衆目の一致するところ、インフレ退治の即効性を期待することはできません。けれどもバイデン大統領の提案する中長期的な「より良い再建計画」のまず第一歩を記したという意味で画期的なものです。

この法は、今後10年間で、連邦収入を増加させることを試みますが、その主な項目は、次の通りです。
◆メディケアを含む、特定の処方薬の価格引き下げ改革により、2650億ドル
◆年間法人所得10億ドル以上の企業へ最低15%の税率を課し、2220億ドル
◆課税強化により、2037億ドル
◆株式買戻しへ1%の徴税により、740億ドル
また、同時期に次の項目で上記の連邦収入を支出します。
◆内国エネルギー保障と気候変動への対処として、3690億ドル
◆赤字削減に、3000億ドル
◆2021年アメリカ救済計画法の下でのケア適正化法補助の3年間の延長により、640億ドル
◆西部諸州の干ばつ復元基金により、40億ドル
◆内国歳入庁近代化基金と納税強化のための基金として、800億ドル
またクリーン・エネルギー投資の一部として、10年間にわたる太陽光投資税額控除の延長があ

り、月35ドルのインスリン・コストの上限、また、メディケア対象者への2000ドルの薬品自己負担コストの上限もあります。

＊インフレ急伸と連邦準備制度理事会（FRB）の政策

アメリカ経済は、新型コロナ感染症（COVID-19）による影響を世界で最も大きく受けた国であったといっていいでしょう。2020年春に感染が拡大し、実質GDPは、2020年4月から6月にかけて、年率30％を超える下落を示しました。これは、1929年大恐慌以来の落ち込みであり、2008年9月のリーマン・ショックに始まる世界経済危機をはるかに上回る落ち込みだったのです。けれども、その後アメリカ経済は、トランプ政権下で急速に回復軌道に入り、バイデン政権下においても、経済回復は急速に進みました。その要因は、トランプ政権からバイデン政権にかけて、前代未聞の財政支援策が積極的に実施されたからです。トランプ政権は、2020年3月、「コロナウイルス援助・救済・経済安定化法」を成立させ、2兆2000億ドルに及ぶ財政支援策を実施しました。申請者に2700ドルの小切手支給、失業手当の増額・延長、家計の負債救済、中小企業支援、病院支援、教育支援など広範囲に及びました。

2021年に誕生したバイデン政権も3月、パンデミック対策を主眼とした「アメリカ救済計画法」を成立させたことは既述の通りで、トランプ政権を引き継ぎ強力な財政支援策を実施しました。この救済計画法は、総額1兆9000億ドル、主な支出項目は、富裕層を除き1400ドルを国民に現金支給、失業給付金は週300ドルを加算し、9月初めまで継続する、ワクチンの普及、感染検査、学校の対面授業再開支援、中小企業支援、州・地方政府への援助、などなどとなっています。

こうして、アメリカ経済には、政府の財政支援による巨額な有効需要がつぎ込まれたのです。しかも、これらの需要は、サービス部門ではなく、物財部門への需要となって、財市場のひっ迫を引き起こしたのでした。アメリカはいうまでもなく貿易赤字の国です。多くの物資をアメリカは、輸入に依存しています。物財への需要増は、財の輸入の巨額化をもたらし、2020年の半ば、新型コロナ感染症の急拡大によって需要は激減していましたが、その後急速に回復し、2021年末には物財における膨大な貿易赤字を計上するようになります。

この急速なアメリカ市場における需要増加は、グローバル・サプライチェーンの混乱を引き起こしました。つまり、急増する需要に供給が追い付かないという事態が、アメリカ商品市場に起こったのです。しかも、アメリカへの物財の輸入は、その多くがコンテナによって行われ、そのコンテナ港は、ロサンゼルスとロングビーチの港を通して運ばれるものが多く、そのキャパシティの限界は、供給の遅れとなって現れました。

アメリカ労働省が発表した2022年7月の消費者物価指数は、前年同月より8・5％上昇し、1981年11月以来の上昇率となった6月の年率9・1％よりは若干鈍化はしましたが、8％を超えるのは5カ月連続となりました。なかでもエネルギー価格の上昇が深刻です。2022年6月のガソリン価格は、前年同月に比べて61％も上昇し、7月は45％の上昇ですから若干下がったとはいっても、依然高価格といえるでしょう。

こうした物価急騰を受け、アメリカ連邦準備銀行の統率機関に当たる連邦準備制度理事会（FRB）は、2020年3月から行ってきた量的緩和政策を取りやめることに転じます。FRBは、2020年初めからの新型コロナ感染症急拡大による急速な経済の落ち込みに対して、3月以来、金融資産買い取り作戦（量的緩和政策）を強力に展開し、民間の需要の増加を金融政策の面からも支えました。つまり、FRBは、商業銀行に大量のマネタリー・ベースを供給し、財政支援政策による需要増加によって生じるだろうマネー・ストックの上昇を金融的に支える政策を強力に進めたのです。つまり、アメリカ経済において、2020年5月からマネー・ストック（M1）が急増しはじめ、実質GDPが、2020年第3四半期（7～9月）には、年率33・8％増で急反発をし始めるのを、FRBが金融的に支えたといっていいでしょう。連銀のバランスシートは、2020年2月で4兆1000億ドルだったのですが、3カ月もたたないうちにそれは、7兆1000億ドルに膨れ上がり、急速な速さで上昇を続けました。2021年末には、連銀のバランスシートは、8兆7000億ドルに膨れ上がったのです（図2、82ページを参照）。

アメリカの消費者物価は、2021年3月ごろから上昇しはじめ、とりわけ、ガソリン価格の急騰は、2021年5月に年率56・2％の上昇、全体の消費者物価も、2021年12月には7・

0％の高率を記録します。こうした物価上昇にFRBのパウエル議長は、2020年3月からとり続けてきた量的緩和政策で毎月購入してきたアメリカ国債などの金融資産1200億ドルを11月から月額150億ドルずつ減らしていくと表明しました。順調にいけば、8カ月で購入額がゼロになる計算でパウエル議長は、「22年半ばまでに量的緩和は終了する」と述べましたが、インフレ傾向が一向に収まる傾向がなく、この作戦終了時を早め、2022年3月に終わらせ、金利政策に回帰しました。FRBがフェデラル・ファンド・レート（FFレート）を引き上げ始めたのです。FFレートはアメリカの銀行が連邦準備銀行にある準備金を、ほかの銀行に翌日決済で貸し付ける金利（年利で表示）です。これが高く設定されますと全体の金利水準が高まり、GDPの成長に抑制的になります。7月26日、27日にFRBは、FFレートの現状の誘導目標1・5～1・75％から0・75％引き上げ、2・25～2・5％とすることを決定しました。9月には追加の利上げが行われ、景気減速を認めつつも、雇用は底堅くインフレは続いているという認識で、パウエル議長は物価安定の重要性を強調しました。

＊バイデン政権の経済政策の特徴
――トランプ政権との比較

バイデン政権の経済政策は、トランプ前政権とは、真逆な政策体系をもっているといっていいでしょう。トランプ政権の経済政策が、２０１７年12月の「減税および雇用法」の成立を軸に、減税と規制緩和によって、経済成長が成し遂げられると主張し、レーガン政権以来の新自由主義的経済政策を金科玉条のごとく振りかざしたのに対して、バイデン政権は、「より良い再建計画」に明確にみられるように、経済成長における公的セクターの役割を強調するからです。

トランプ政権の経済政策担当者たちが、たかだか3年の彼らの政策を手放しで称賛し、アメリカ経済に潜む長期の低成長の問題については、ほおかぶりを決め込んだのに対して、バイデン政権の経済政策担当者たちは、アメリカの長期の低成長にメスをいれ、それは、この70年代以降、アメリカの経済政策において、公的セクターの経済成長に対する役割を軽視してきたからだといいます。

トランプ政権の自らの政策への自画自賛は、次の言葉で明らかです。「トランプ政権になって3年、米国経済は多くのさまざまな測定値において、予想を超えて、超過達成しつづけており、産出、雇用、雇用者報酬の上昇は、すべて２０１７年の前にたてられた予測を超えている。わが政権の経済政策アジェンダの明確な成功が明らかにしているのは、その基盤となる政策の柱が、米国経済に、かつて成功を抑え込んでいた構造的傾向を克服させることを可能とするということである」（『米国経済白書２０２０』蒼天社出版、２０２０年、18ページ）。また彼らは、次のようにも言います。「減税および雇用法（ＴＣＪＡ）の制定から2年、わが政権による企業向け規制緩和政策と革新的エネルギー・インフラストラクチャーへのサポートの強化によって、米国経済は健全なペースで拡張を続けているが、それらは、2018年と2019年の『大統領経済報告』によって予測されていた。2019年12月時点で米国の経済拡張は、127カ月に到達し、わが国史上最長となった」（同上訳書、24ページ）。

しかしこれは、アメリカ経済を長期の観点で眺めれば、彼らが記録的な最長の拡大とする2009年第2四半期から2019年第4四半期までの経済成長は、第2次世界大戦後アメリカで11回あった経済拡張期において、成長率が最も低くなっている拡張期であるということを見過ごしている議論といわざるをえません。バイデン政権の経済政策担当者たちは、だから、そうしたトランプ政権のアメリカ経済への楽観的把握は、経済データの弱点を無視していると批判します。つまり、確かにパンデミック前、失業率は、史上最低でしたし、株価は史上最高だったのですが、危険信号は、アメリカ経済の成長能力の長期にわたる停滞にあったのです。

それは、アメリカ経済での労働参加率の低下に現れました。第2次世界大戦後、アメリカには、2009年第2四半期から2019年第4四半期までを含めて、11回の経済拡張期があったのですが、その最後の11回目のパンデミック前の経済拡張期の経済成長率は、最も低かったのです。しかも成長率が低かっただけではありません。経済成長の果実が、すべての人の働きに応じて均等に分配されたのではなかったのです。この事実は、**図7**（次ページ）に示されているように、1970年代以降の所得グループ別平均家族所得の成長を見れば一目瞭然です。

バイデン政権の経済政策担当者たちは、その原因を経済成長において、民間セクターを補完する公的セクターの働きが後退してきていることに求めます。しかも、この公的セクターの役割の後退は、決して偶然に起こったものではありません。それは、政府の機能が退場すれば、民間セクターによって経済成長は、より活発に展開するという経済哲学によるものなのです。いうまでもなくそれは、１９８０年代からアメリカ経済政策を支配している新自由主義経済政策のことです。

　バイデン政権の経済成長に関する考えは、トランプ政権とはまさに真逆なのです。トランプ政権は、減税、規制緩和、イノベーションの促進のエネルギー政策が経済停滞を克服し、継続的な経済成長を可能にするというものですが、バイデン政権は、経済成長は、質の高い、健康な多くの人々の労働によって成し遂げることができ、そのためには、政府の力を働かせて、多くの質の高い労働力を形成することだといいます。政府はだから多

図７　　所得層別の平均家族所得の増加

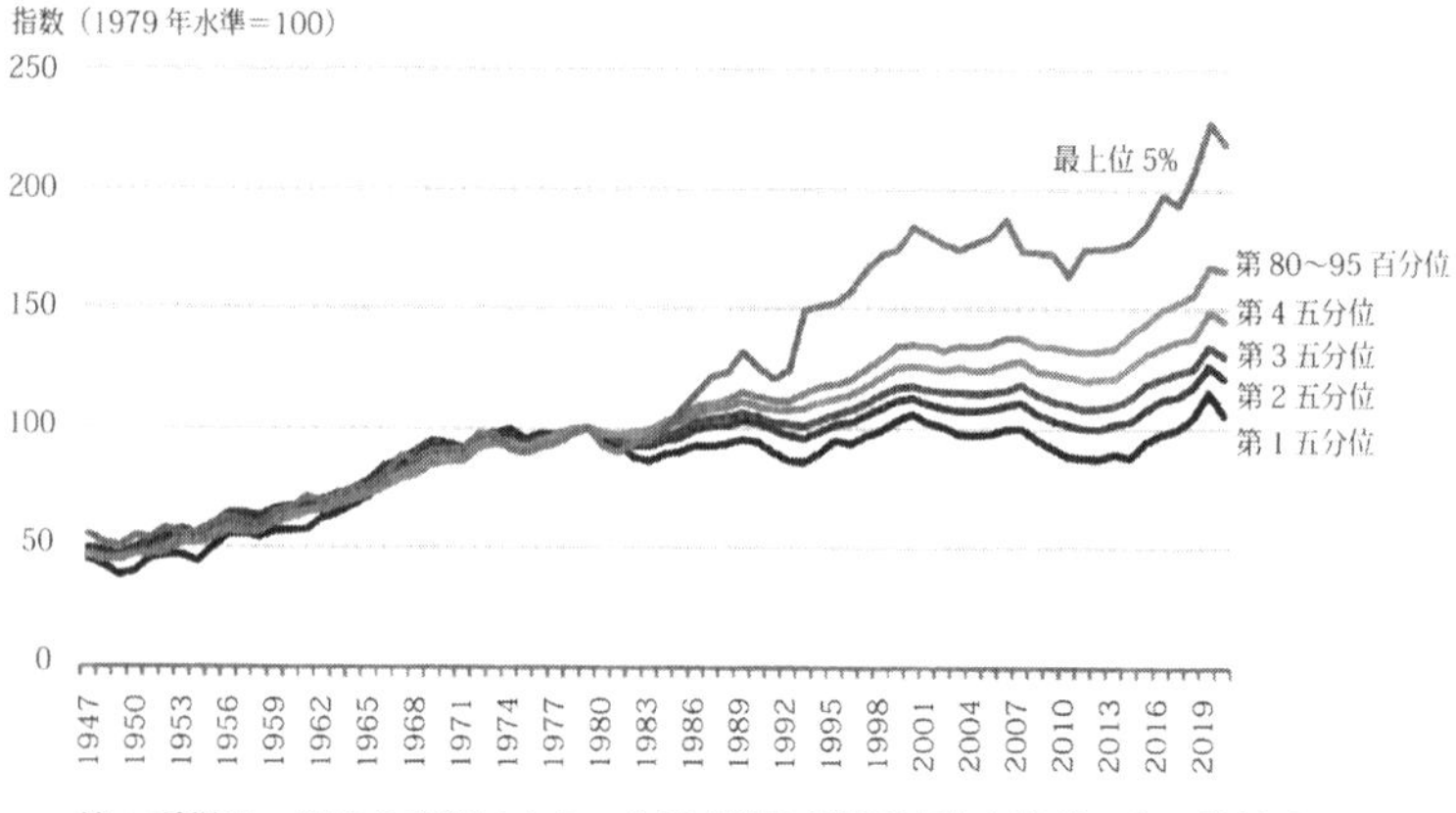

注：所得は、現行の方法により、全都市消費者消費者物価指数の遡及的統計によって調整されたドルのものである。
出所：Census Bureau; CEA calculations.

くの資金を教育に投資しなければならないし、労働力の開発、健康への投資が重要となるといいます。減税と規制緩和によって、経済の供給力を重視するなどという議論は全くの誤りで、富をつくる労働者の質の向上、賃金の大幅アップによって真の経済成長の持続が可能になるというのが、バイデン政権の考えということがいえるでしょう。

　ところで、バイデン政権の経済政策担当者たちは、アメリカ労働市場の実態に切り込み、その不平等を真正面から論じ、変革を訴えます。**図8**をご覧ください。この図は、１９４８年から２０２０年までの生産性、労働者報酬をグラフで示し、生産性上昇に追い付かない労働者報酬が、１９８０年代から始まり、そのギャップが今日に至るまでどんどん開いてきていることを示しています。その

図８　生産性と労働報酬のギャップ、1948～2020年

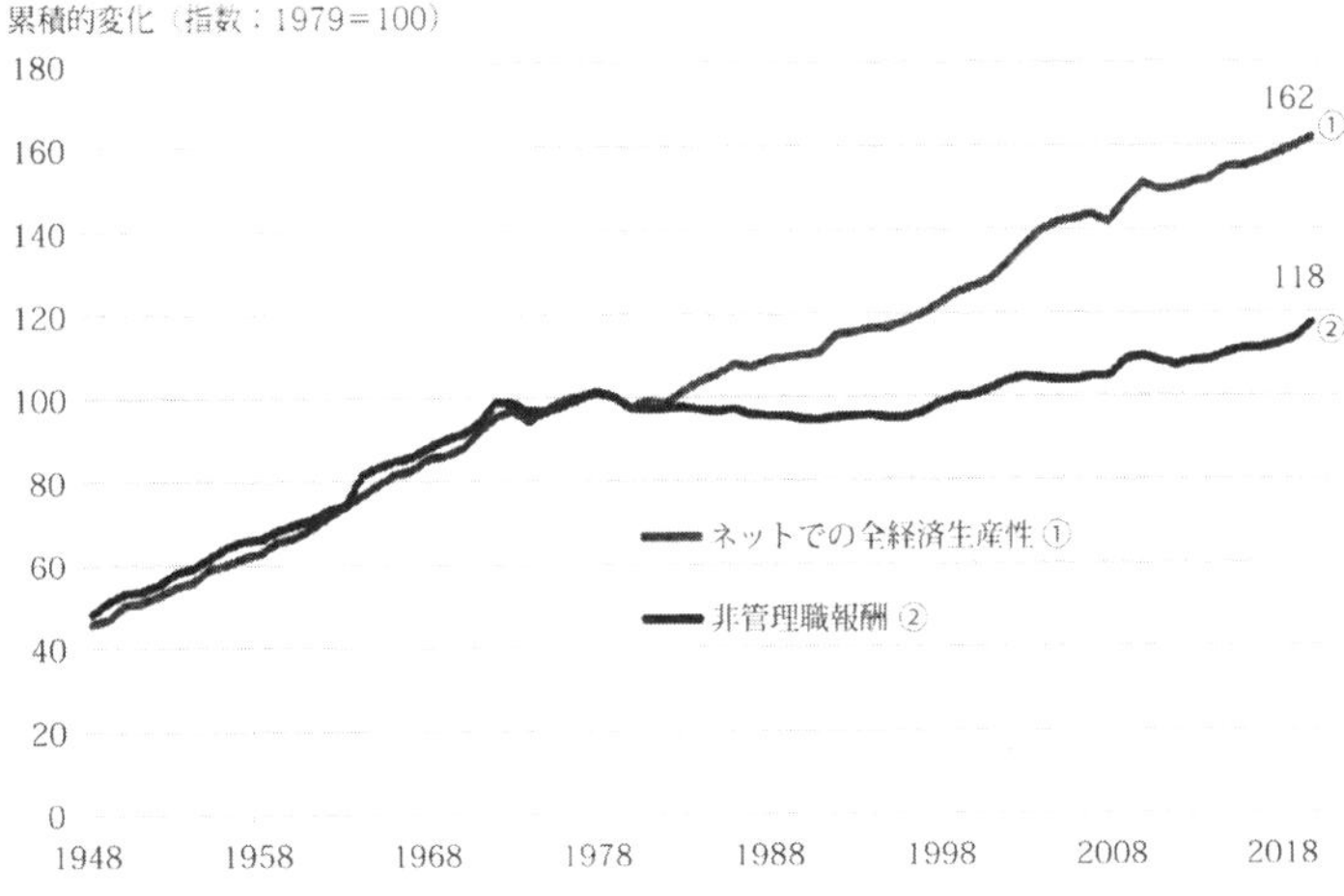

出所：Economic Policy Institute, analysis of data from the Bureau of Labor Statistics and the Bureau of Economic Analysis.

ギャップが開いたのはどうしてなのか、その原因がわかれば、それに対する対策も立てることができるのです。

バイデン政権の経済政策担当者たちは、それを労働市場における買い手独占、製品市場での売り手独占による雇用主側の市場支配力の強化に求めます。そしてさらに人種、エスニシティ（民族）、ジェンダーによる差別が、黒人、ヒスパニック、ネイティブ・アメリカン、そして女性に不当に安い賃金を押し付けてきたからだと断じます。アメリカ労働市場の調査によりますと、全体的に賃金、所得、資産の不平等が拡大していることが示されるのですが、それを人々の教育達成度や労働経験の違いによってすべて説明することはできないと結論付けられました。それを説明するには、別の要因が働いていると考えなくては、つじつまが合わないというわけなのです。

バイデン政権の経済政策担当者たちは、アメリカ労働市場が、少数の雇用主と多くの労働者から構成され、雇用主側に買い手独占の経済レントが発生していると考えなければならないとします。買い手独占の経済レントとは、商品市場において、ある商品の買い手が少なく、逆に売り手がたくさんいる場合、その商品の値段は、正当に評価される値段より安くなり、売り手に損失が発生し、買い手側に不当に利益が転がり込むことをいいます。アメリカ労働市場では、買い手側の企業の数は少ないのに、多くの労働者が職を求めて競争するので、労働者側に不利な状況がつくり出されているというわけです。調査を行った研究者たちによりますと、アメリカ労働者たちの生産性は、彼らが得ている賃金より17％も高かったというのです。とりわけ、低賃金労働市場において、この雇用主の買い手独占力は強く発揮され、企業の集中合併による労働市場の集中化が、この傾向に拍車をかけているといいます。さらにまた、製品市場の売り手独占も消費者から経済レントを絞り上げ、それが企業の株主の高配当となって、格差が大きく広がっているというわけなのです。売り手独占から生じる経済レントとは、製品市場において、ある商品を販売する企業数は少なく、消費者である買い手が多くいる場合、釣りあげられた販売価格から、売り手側に積みあがる不当な利益をいいますが、その不当な利益が、株主の配当となって流れ、これまた株価の高騰を創り出しているというわけなのです。

しかも、この市場を通じた雇用主の支配力は、人種、エスニシティ、ジェンダーの差別を通じて、さらなる格差へ導くことになってしまうのです。こうした差別は、構造的なものであり、その結果は、労働能力の誤った配分となり、イノベーションの芽を摘んでしまうことにつながりますし、結果として、アメリカ経済の長期にわたる経済成長の低さになって現れることになります。

労働市場における買い手独占の形成によって発生した経済レントが雇用主側に流れ、労働者側に不利な状況がつくり出され、労働生産性と賃金との格差が開き、アメリカの経済成長が鈍化したのです。その開始が1980年代であったという図8が語る事実は決して偶然ではありません。それは、第2次世界大戦後アメリカに形成された「ケインズ連合」の崩壊と時期が重なります。本書第I章で述べましたように、巨大産業企業の経営者と労働組合に組織された労働者が生産階級として連携した階級連合が、この「ケインズ連合」の内実ですが、この体制の下、戦後アメリカでは、株主配当は低く抑えられ、巨大産業労働者の高賃金と巨大産業の高利潤が実現したのです。しかしその後、この「ケインズ連合」は、アメリカ企業の多国籍化の進展とともに崩壊し、労働市場において、雇用主による買い手独占状況が出現したということになります。

バイデン政権は、だから、労働組合の力の復権を呼びかけ、労働市場に公平さを取り戻せと主張するのです。また、公的権力を行使して、連邦最低賃金の大幅アップを国民に呼びかけるのです。こうした主張には、経済学的にみて正当な理由があることを理解すべきでしょう。

2　岸田政権の「新しい資本主義」の真実

＊「新しい資本主義」の成立事情
——安倍・菅政権から岸田政権へ

日本の新自由主義経済政策として実行されたアベノミクスが、どのような結果になったかについては、すでに述べましたが、当の安倍晋三首相は、新型コロナ感染症が日本においても真剣に対策が立てられなければならない正念場を迎えた、２０２０年８月28日、突如辞任を表明します。急遽自由民主党は、総裁選挙を実施、安倍政治の継承を謳った菅義偉氏が、９月16日、第99代首相になります。安倍政治を継承するといったのですから、経済政策において、「安倍総理がすすめてきた取り組み（アベノミクス）を進めなければならない。私にはその使命がある」と述べたことは、当然でしょうが、その目指すべき社会像は、「自助、共助、公助で、まずは自分でできることは自分で」としたのは、お粗末としか言いようがありません。なぜならば、この言葉は、2011年6月30日、当時民主党菅首相下で決定された「社会保障・税一体改革成案」の理念だったからです。もちろん、本書ですでに述べたように、「国民の生活が第一」から「財界の生活が第一」に変身した後の民主党であり、ゆえに民主党が短命政権となった大きな理由のひとつだったのですが、新たに総理となった人物が、その目指すべき社会像を言い古された新自由主義的自己責任論を言い放ったことに驚きを隠せません。

案の定、菅政権は、日本学術会議会員候補6名の任命拒否からはじまり、GoTo―トラベルを推進して新型コロナ感染症を拡大させるという愚策を演じます。2020年12月13日には、75歳以上の高齢者の医療費窓口負担2倍化を決定し、法案も強行、国民の多くが延期・中止を求めている東京オリンピック・パラリンピックを2021年7月23日から9月5日まで開催を強行し、新型コロナ感染症患者の急上昇を招くことになりました。都議会選挙で自民党は敗北、さらに横浜市長選挙では、カジノ反対を掲げる山中市長が誕生、菅首相の地元横浜での自民党の敗北は、秋に行われる総選挙での自公政権崩壊、「市民と野党の共闘」に基づく政権交代が行われるかもしれないという危機意識を政権側に醸成していきます。事実、2021年9月3日野党4党（立憲民主党、日本共産党、社民党、れいわ新選組）と安保法制の廃止と立憲主義の回復を求める市民連合が取り組んだ「衆議院総選挙における野党共通政策の提言」は、長らく続いた新自由主義からの脱却を可能とする基本内容を含んだものでした。この提言は、大きく6つの柱からなり、1憲法に基づく政治の回復、2科学的知見に基づく新型コロナウイルス対策の強化、3格差と貧困を是正する、4地球環境を守るエネルギー転換と地域分散型経済システムへの移行、5ジェンダー視点に基づいた自由で公平な社会の実現、6権力の私物化を許さず、公平で透明な行政を実現する、というものだったからです。

この「野党共通政策の提言」が出されたまさにその日の9月3日、菅首相は、9月下旬に行われる自民党総裁選に不出馬を表明します。コロナ対策に専念するというのが、総裁選不出馬の理由でしたが、非科学的なコロナ対策や東京オリンピック開催による感染急拡大によって、発足当時は70％もあった菅内閣支持率が、急降下、放置すれば、10月の総選挙の敗北は必至、という状況に追い込まれます。そこで、自民党は、9月に行われる彼らの総裁選びを、あたかも政権交代が行われたかのような政治状況にするべく大々的に宣伝し、マスメディアを動員する作戦に出たのです。

岸田文雄氏の「新しい資本主義」という言葉は、まさにそうした政治状況で創り出されたものだったという認識が重要です。したがって、岸田氏の「新しい資本主義」の最初のプランは、「新自由主義からの転換」だったのです。「所得倍増」であるとか、「金融所得課税見直し」によって、所得が1億円を超す人が急速に税負担率を下げる現象（1億円の壁）を打破するなどと言い、菅政権誕生で人気がた落ちのアベノミクスからの転換を打ち出すふりをしたということなのでしょう。だから、総裁選で勝利し、その勢いで、2021年10月の総選挙を乗り切った岸田文雄氏は、舌の根も乾かぬうちに、所得倍増の所得は、資産所得だなどといい、金融所得課税どころか、2022年9月22日には、ニューヨーク証券取引所で講演し、株式などの運用益に税金がかからないNISA（少額投資非課税制度）を恒久的な制度にする考えを表明するのです。

ところで、2021年9月下旬に行われた自民党総裁選は、岸田、河野、高市、野田の4氏によるものでしたが、安倍元首相たちの応援を受け、さらには決選投票で高市氏の協力で、岸田文雄氏は総裁選に勝利し、2021年10月4日に首相に指名されました。この選挙であたかも自民党が刷新されたかのようなムードをマスメディアが創り出したことは、日本のマスメディアの権力寄りの姿勢を示す情けない状況といわなければなりませんが、10月31日に行われた総選挙では、一定程度、「市民と野党の共闘」が成功した面もあったことは未来につながる運動を考える点で重要なことだといえるでしょう。

＊岸田政権の経済政策は、なぜ新自由主義といえるのか

岸田首相は、「新しい資本主義」を提唱し、自民党総裁選の時には、あたかも新自由主義から

の転換を主張するかのようなそぶりを見せましたが、それは、単なるポーズに過ぎませんでした。なぜなら2013年初めに始まった、アベノミクスの政策をバージョンアップした新自由主義政策を実行すると公言しているからです。その意味では、アメリカのバイデン政権の経済政策とは全く異なるといっていいでしょう。

本書でも述べましたが、アベノミクスは、2013年1月11日に閣議決定された大胆な金融政策と機動的な財政政策の2本の矢として始まりました。その大胆な金融政策は、3月23日、日銀総裁に就任した黒田東彦氏によって、4月4日、日銀の商業銀行からの買い取り資産に長期国債もその対象とし、購入量を日銀券発行残高の枠内にとどめないという「異次元の金融緩和政策」となり、2016年の1月29日には、マイナス金利政策という奇策を打ち出しました。これは、商業銀行の日銀預け金のうち法定準備率を超えた部分に金利をかけるという政策であり、商業銀行は、損はしたくはないだろうから、日銀預け金を引きだして貸付や投資に回し、経済の活性化が図られるはずだとするもので、マネタリストの誤った外生的貨幣供給説を性懲《しょうこ》りもなく継続した愚策の実施でした。

この金融の量的緩和政策は、図2（83ページ）を見れば明らかですが、アメリカでは、2008年のブッシュ政権期に始まり、9月のリーマン・ショックでの金融資産の買い取り強化で、連銀のバランスシートは、膨れ上がりました。けれども、トランプ政権下の景気拡大によって、2020年2月まで、連銀は、その資産買い取り作戦を取りやめていたのですが、新型コロナ感染症拡大による景気の下落を防ぐべく、強力な買い取り作戦を再開させ、図2に明らかなように2021年末には、連銀のバランスシートは、8兆7000億ドルに膨れ上がったのです。既述のように2021年のインフレ急伸に驚いた連邦準備制度理事会（FRB）は、したがって、その作戦を2022年3月で終了させ金利政策に戻ったのでした。

日本の中央銀行である、日銀は、黒田総裁による「異次元の金融緩和政策」をやめようとはしません。依然ゼロ金利政策が続きますから、日米の金利差が拡大し、金利高を求めて、ドル買い・円売り圧力が、為替市場に出現し、円安傾向が、急激に進行したのです。既述のようにアベノミクスは、金融緩和によって円安に導くことが一つの目標でしたから、黒田総裁は、その政策をやめようとはしません。

岸田政権は、2021年10月に誕生しました。アメリカの金融政策が大きく転換する時期に当たっていたわけで、日本の円安が、輸入物価を上昇させ、為替関係から生じるインフレが大きな問題として取り上げられてもおかしくはなかったのです。もともとアベノミクスは、日本の多国籍企業・輸出大企業の円安による莫大な利益を歓迎したわけですから、アベノミクスの金融政策の舵をとる黒田総裁は、円安による輸入物価の上昇、内需に依存する中小企業の経営難などはその視野にはなく、円安政策を容認したということになるのでしょう。これでは、岸田首相が、アベノミクス礼賛の菅前首相と「同じ穴の狢《むじな》」といわれてもしょうがありません。

しかも、岸田首相は、2022年5月5日世界の金融中心国ロンドンのシティで講演、対日投資を要請し、さらに、9月22日には、今度は、ニューヨークの証券取引所で、同じく対日金融投資を要請し、金融で繁栄する日本を目指すというのですから、岸田政権の経済政策は紛れもなく正真正銘の新自由主義経済政策であるとみて間違いはありません。2000兆円の個人の金融資産を投資に結び付け、「資産所得倍増計画」を吹聴《ふいちょう》していることにも明らかなように、これは、本書で述べた橋本「改革」における間接金融から直接金融に日本を向かわせ、株式市場の活性化によって資産所得を増大させようとする政策ですから、実体経済を成長させる成長政策ではありません。

もちろん、岸田政権に中長期的な成長戦略がないわけではありません。岸田政権の「新しい資本主義」の成長戦略は次の通りです。第一がイノベーションと科学技術、第二がデジタル田園都市国家構想、第三が気候変動問題、第四が経済安全保障になります。そして、分配政策として、第一が看護・介護・保育の給与の引き上げ、第二に民間企業の給与引き上げのための支援=税額控除、そして、男女が希望通り働ける社会づくり、社会保障による負担増の抑制などなどですが、まず成長ありきというのが、この「新しい資本主義」の成長戦略の特徴です。成長があって分配があるという供給重視の経済学の発想であり、新自由主義経済政策のトリクルダウンの考え方なのです。

かつて、安倍首相が2015年9月24日、「日本再興戦略、改訂版2015」を説明し、「新3本の矢」という言い方で、アベノミクスは第2ステージに入ったと明言したことがありました。「希望を生み出す強い経済」「夢を紡ぐ子育て支援」「安心につながる社会保障」を「新3本の矢」としたのですが、安倍首相は、そこではまず「希望を生み出す強い経済」が必要不可欠であり、名目GDP600兆円を生産性革命によって生み出さなければならないとしたのです。アベノミクスは、まず「生産ありき」が特徴なのです。

安倍氏の説明では、生産性革命を行うには、労働分野の改革が必要であり、それを消費の拡大と経済活性化につなげるというのです。そして、その結果、成果配分として賃金の引き上げとなり、最低賃金の引き上げと環境整備がなされると説明するのです。けれども、全産業の生産性向上がなぜ消費の拡大につながるのでしょうか、消費の拡大がなぜ、賃金の引き上げと最低賃金の引き上げにつながるのでしょうか。経済学の常識では、最低賃金の引き上げと成果配分としての賃金引き上げがあって、消費が活発になり、産業分野の生産とともに生産性の向上が図られることになるのではないでしょうか？　アベノミクスは、まさに逆立ちした論理だてになっていたのです。岸田政権の「新しい資本主義」も「まず供給ありき」の逆立ちした論理だてになっているのです。これを新自由主義といわずしてなんというのでしょうか。「新しい資本主義」は、新しくはないのです。

＊岸田政権の経済政策をどう転換させるのか

岸田政権の経済政策をどのように転換させればいいのでしょうか？　それには、アベノミクスを引き継いで逆立ちしている岸田政権の考えをひっくり返すことが重要です。現在の日本経済は、本書ですでに述べましたように、小泉構造「改革」以来の新自由主義政策によって、一部の富裕層・大企業に富が集中し、大多数の国民との間に大きな経済格差が存在しています。これを創りだした大きな要因は、金融所得税や法人税の引き下げが行われる一方、消費税が増税され、わが国の税制の応能負担という原則が破壊されてきたことにあります。また、公的介入によってアップすることのできる最低賃金を低く抑えているからです。最低賃金を大幅に上昇させ、日本の賃金水準を大幅に上げることが重要なのです。「成長、成長、そして成長」と新自由主義者は叫ぶのですが、需要がなければ、成長はあり得ません。需要は、国民生活の懐《ふところ》具合がよくなければ、上昇することはないのです。

岸田首相は、「国際金融センターとしての日本の復活を!!」と世界に呼びかけ、「世界の資金を日本へ」とロンドンのシティとニューヨークの株式市場で演説をしたようですが、橋本「改革」によって、自由に流入可能となった外国資金は、今日日本の株式市場で大手を振るって立ち回り、大きな利益を上げては、それを海外に持ち去っている現実を考えれば、一国の首相として、これは、ありえない発言なのです。株式市場の相場が上昇しても、わが国のＧＤＰが上昇するわけではありません。金融で国民全体が繁栄した国は、歴史上ありません。

まとめにかえて
――未来の経済政策を求めて

新自由主義からの脱却は、可能なのでしょうか？　１９８０年代以降の先進資本主義国、とりわけアメリカの事情を見ても明らかなように、一直線で新自由主義からの脱却が行われることは可能ではありません。けれども、多くの国民の声を政治に反映させる運動を地道に進めることが、新自由主義からの脱却の条件になるといえるでしょう。そうした意味で、アメリカにおいて、今日までその運動がどのように進んできたかを振り返りながら、日本における新自由主義からの脱却への展望の参考といたしましょう。

アメリカで新自由主義からの転換を目指す政策が始まったのは、世界経済危機のさなか２００９年に誕生した民主党バラク・オバマ政権の時になります。オバマ政権は、本書で論じましたように、金融機関救済を優先し、さらには、多国籍企業の利益を擁護するＴＰＰ協定に参加するなど新自由主義政策からの脱却という点では、たしかに限界はありましたが、実現はできなかったとはいえ、『中間層重視の経済政策』によって、連邦最低賃金時給15ドルを議会に求めたり、あるいは、国民保険制度である「ケア適正化法」を制定し、１％の富裕層ではなく、99％の国民本位の経済政策の実現を試みたことは事実なのです。

しかし、2010年11月の中間選挙で大富豪コーク兄弟に操られたティー・パーティー派の運動によって連邦下院の多数を共和党が占め、オバマ政権は、新自由主義からの脱却を試みるまともな政策が一向に通らない危機的状況に追い込まれました。

この政治状況を大きく変え始めたのは、若者を中心に沸き上がった「ウォール・ストリートを占拠せよ」の運動だったのです。かれらは、1%の富裕層に乗っ取られた政治を99%の普通の国民の政治に変えようと呼びかけたのです。この運動には、アメリカの多くの知識人や文化人たちが賛同を示し、オバマ大統領が2012年11月の選挙で再選される大きな力になったことはすでに本書でも述べました。

しかし、共和党が議会で多数を握る状況は変わらず、オバマ政権の政策実行は、阻まれ続けます。さらに、2016年11月の大統領選では、人種差別主義者、ドナルド・トランプがヒラリー・クリントンを破り勝利、新自由主義経済政策が復権しました。

ところで、2016年大統領選の民主党予備選挙で、ヒラリー・クリントンと大接戦、アメリカ国民に「民主的社会主義者」として注目されたのが、ヴァーモント州選出の上院議員、バーニー・サンダースでした。サンダースの政策は、1933年に誕生した民主党ローズヴェルト政権の政策を踏襲したものです。公的年金制度や最低賃金制度、金融規制など、当時これらの政策は、「社会主義的だ」と批判されたものだとサンダースは言います。しかし、これらの「社会主義的」

政策こそがアメリカを形作り、厚い中間層の基盤になったのだとサンダースはアメリカ国民に訴え「民主主義的社会主義」の主張は、アメリカ国民の多くの人々に共感を呼び起こしたのです。

２０１８年11月の中間選挙では、サンダースが提唱する「メディケア・フォー・オール」(Medicare for All! すべてのアメリカ人に健康保険を！）というキャッチフレーズで、多くの進歩派議員が誕生しました。この運動が土台となり、２０２０年大統領選では、トランプ大統領の再選阻止運動が大々的に展開され、バイデン民主党大統領が誕生しました。バイデン大統領は、中道派の政治家ですが、大統領選では、民主党進歩派との連携があり、国民本位の公約を明らかにし、多くの国民の支持を得て、大統領になりましたから、新自由主義からの転換を本気で進めようとしているのです。アメリカ版「市民と野党の共闘」によって、バイデン大統領は誕生したといえるでしょう。

サンダースは、自伝の中で「ユージン・ヴィクター・デブスは私のヒーローだ」と書いています。デブスは、アメリカ社会党を創設したマルクス主義者で、気骨の人でした。「彼は、大企業ではなく働く人々が国の経済的・政治的生活を支配するような、本当の民主主義社会を実現するために闘った。彼はアメリカ鉄道労働組合を創設し、この国のもっとも強い権力のいくつかに対する激しいストライキを指導した。彼は、労働者階級の国際連帯を信じ、第一次世界大戦に反対したために何年か投獄された」（バーニー・サンダース著、萩原伸次郎監訳『バーニー・サンダース自伝』大月書店、２０１６年、68ページ）とサンダースは述べています。

アメリカ議会には、サンダースを中心として進歩派議員連盟の議員が２０２２年現在１００人存在し、革新的な政策を掲げてアメリカの政治変革に立ち向かっています。その底流には、「99％の普通の国民が政治・経済の主人公になる」という「民主的社会主義」思想への共感の広がりがあるといえるでしょう。

もちろん、新自由主義からの脱却は、一直線に進むものではありません。大きな揺り戻しがさまざまな局面で生み出されることでしょう。しかし、１％の富裕層ではなく99％の国民本位の政策を地道にかつまじめに追求すれば、必ず道は開けるという確信を持ち続けることが、重要であることは言うまでもありません。

あとがき

本書は、岸田政権が推し進める「新しい資本主義」の真実について、日米の新自由主義政策の歴史をたどりながら明らかにしてきました。その新自由主義の経済政策をめぐっては、最近、いくつか注目すべき動きがあります。イギリスでは、２０２２年10月20日、トラス首相が、就任後わずか1カ月半で辞任表明を行い、25日、保守党内から代わってスナク氏が首相に就任するというハプニングがありました。事の始まりは、トラス首相のぶち上げた富裕者優遇減税による成長戦略で、これが金融市場に混乱を招き、保守党内部からも批判続出で辞任せざるをえなくなったことにありました。その混乱とは、英国通貨ポンドの下落と英国債の価格下落による長期金利の急騰であり、富裕層優遇の大減税を、コロナ禍の財政支出の急増による財政赤字にもかかわらず実施しようとするトラス首相に、市場が「ノー」のサインを発したということでしょう。１９８０年代に始まる富裕者優遇の減税による新自由主義的成長戦略は、もはや通用しないことをこの事態が示したものともいえるでしょう。イギリスでは、保守党の支持率が急降下し、逆に労働党の支持率が急上昇し、２０２５年1月までには行われるイギリス総選挙では、労働党の政権奪取による新自由主義からの脱却が期待される事態になっています。

一方、アメリカでは、11月8日投票の中間選挙において、前評判では、「レッド・ウェーブ（赤は共和党のシンボルカラー）の津波が来る」などといわれ、野党共和党が上下両院で圧倒的な多数を獲得するかに思われましたが、結果は、上院では与党民主党が過半数を維持、下院ではかろうじて僅差で共和党が多数派となりました。中間選挙では、与党が敗れるというジンクスがありましたが、今回の選挙では、それは崩れたといえます。この選挙で、国民の関心が最も高かったのは、物価上昇のインフレ経済とそれへの対策にあり、「バイデン政権がインフレを創り出した」と悪宣伝する共和党の選挙作戦が一定功を奏した感がありましたが、女性の妊娠中絶の権利を認めない共和党保守派への反発やトランプ支持派による民主主義攻撃への危機意識が、民主党善戦の要因であったことは明らかです。けれども、バーニー・サンダースが言ったように、民主党は、もっとインフレ問題を正面に据えるべきだったといえるでしょう。インフレは、過剰な財政支出や金融緩和、また単にサプライチェーンの混乱だけから引き起こされているのではありません。石油大手や食品大企業が、価格をつり上げ大儲けをしている側面がそこにはあり、民主党は、そうした事実を突きつけ、大企業擁護の共和党を追い詰める姿勢をとるべきでした。

アメリカの急激なインフレに対して、連邦準備制度理事会（ＦＲＢ）は、２０２１年秋から金融引き締め政策に転換し、今後も金利上昇により資金供給を削減し、インフレ退治を継続すると思われますから、アメリカ経済の景気後退を避けることはできないでしょう。

このアメリカの金利上昇は、本書でも述べましたが、日本経済に急激な円安による輸入財の価格の上昇をもたらし、全般的物価上昇が、日本の国民生活を襲っています。しかし、日本銀行の黒田東彦総裁は、2013年から始めた「異次元の金融緩和政策」を一向に転換しようとはしません。したがって、今後、日米の金利格差のさらなる拡大が、急激な円安からの物価上昇を今まで以上に深刻にさせる気配なのです。

先の参議院選挙では、投票日の前々日、7月8日、安倍晋三元首相が暗殺されるという事件が起こり、その後、反社会的反共カルト宗教団体、旧統一教会と自民党との根深い関係が明らかになるにつれ、その場しのぎの一貫性のない岸田首相の対応に、国民の批判は高まり、内閣支持率の急降下という事態が起こっています。岸田政権は、ロシアのウクライナ侵略を契機に、日本の軍事費を急増させることを狙い、それと同時に、政権の支持率低下を挽回するため、物価対策と称して財政バラマキ支出を行い、この難局をなんとか乗り切ろうと考えているようです。しかし、財源も明らかにせず、こうした財政支出を国債増発で賄《まかな》おうとするやり方は、日本の財政危機を深刻にし、さらなる円安と物価上昇を引き起こし、イギリスのトラス政権の二の舞になる可能性もあります。もっとも、黒田日銀総裁の「異次元の金融緩和政策」による国債の買い入れ強化で国債価格の暴落は防げると思っているかもしれませんが、日銀による急激な資金供給は、さらなる円安を市場に引き起こし、通貨価値下落をともなう急激なインフレを起こすリスクがより高まることになるのは言うまでもありません。いずれにしても、橋本「五大改革」に始まり、小泉構造「改革」、アベノミクスと続いた日本の新自由主義経済政策は、国民本位の経済社会の創生という観点から、転換の時期を迎えていることは間違いありません。

本書は、かもがわ出版の三井隆典氏からの執筆要請によるものです。新自由主義について、それはいったい何なのか、それはどこへ向かうのか、それを超える経済システムはどうあるべきなのかを、そもそも論に立ち返って、わかりやすく解説していただきたいとの三井氏の要請に応えて書いたつもりですが、そうなっているかどうかは、読者の方々のご判断を待つしかありません。

本書執筆の機会を与えてくださり、また、本書原稿への的確なアドバイスをくださった三井隆典氏に深く感謝申し上げます。

２０２２年11月23日

萩原　伸次郎

プロフィール

萩原伸次郎（はぎわら・しんじろう）

1947 年、京都市生まれ。東京大学大学院経済学研究科博士課程単位修得退学。横浜国立大学経済学部教授、同学部長、米国マサチューセッツ大学経済学部客員研究員などを経て、現在、横浜国立大学名誉教授。

著書に、『アメリカ経済政策史―戦後「ケインズ連合」の興亡』（有斐閣）『世界経済と企業行動―現代アメリカ経済分析序説』『新自由主義と金融覇権―現代アメリカ経済政策史』（大月書店）『米国はいかにして世界経済を支配したか』（青灯社）『世界経済危機と「資本論」』『日本の構造「改革」と TPP』（新日本出版社）『TPP 第 3 の構造改革』『TPP　アメリカ発第 3 の構造改革』『金融グローバリズムの経済学』（かもがわ出版）など。

翻訳・監修として、「米国大統領経済報告、大統領経済諮問委員会報告」を含む『米国経済白書』を 2002 年から 2013 年まで、毎日新聞社『エコノミスト』臨時増刊、また、2014 年からは、蒼天社出版から刊行。

萩原伸次郎（はぎわら・しんじろう）

横浜国立大学名誉教授。1947 年、京都市生まれ。東京大学大学院経済学研究科博士課程単位修得退学。横浜国立大学経済学部教授、同学部長、米国マサチューセッツ大学経済学部客員研究員などを歴任。

深読み Now ⑦

「新しい資本主義」の真実

——日米における新自由主義経済政策の歴史と転換

2023 年 2 月 12 日　第一刷発行

著　者　© 萩原伸次郎

発行者　竹村正治

発行所　株式会社かもがわ出版

〒 602-8119　京都市上京区堀川通出水西入

TEL075-432-2886　FAX075-432-2869

振替 01010-5-12436

ホームページ http://www.kamogawa.co.jp

印　刷　シナノ書籍印刷株式会社

ISBN978-4-7803-1257-7　C0033

シリーズ「深読みＮｏｗ」について

この度弊社では、２０２２年2月より、「深読みＮｏｗ」シリーズを刊行することとなりました。

これまでの「13歳シリーズ」が、お陰様で一定程度定着してきましたので、新たに、中学生・高校生・大学生などの若者層を読者対象にした単行本を、順次発行してまいります。

時々の社会問題のワンテーマを、総括的に、深く、なおかつわかりやすく解説する、というものです。平和、人権、政治、経済、文化など、それぞれの分野に精通しておられる方々に、順次執筆をしていただきます。

若者の皆さんに加え、それをサポートする教師や父母、図書館関係者、そしてこの国の将来に不安と関心を抱く多くの方々にも、併せてお読みいただきたく、ご案内をさせていただく次第です。

かもがわ出版 編集部

「深読みNow」シリーズ　好評既刊本 ❶

愛の讃歌としての経済（浜 矩子）

経済はカネが全て？　しかし経済活動は人間の営みであり、愛なき営みは人間の営みにあらず。愛ある経済原則に照らして事例研究を重ね、偽物の経済を排して愛ある真の経済に向かうための経済政策を示す。アベノミクスを引き継ぐ、岸田政権版「新しい資本主義」の本音も明らかにしている。

〈はま・のりこ〉エコノミスト、同志社大学大学院ビジネス研究科教授。近著に、『国民なき経済成長　脱・アホノミクスのすすめ』（角川新書）、『〝スカノミクス〟に蝕まれる日本経済』（青春出版社）など。

（四六版一六四頁一七六〇円）